Le tour du monde avec mon Baluchon

YANN QUENET

LE TOUR DU MONDE AVEC MON BALUCHON

PRÉFACE D'OLIVIER DE KERSAUSON

le cherche midi

Vous pouvez consulter notre catalogue général
et l'annonce de nos prochaines parutions sur notre site :
www.cherche-midi.com

92, avenue de France
75013 Paris

Crédits photos et illustrations : sauf mention contraire,
collection personnelle de Yann Quenet

Édition et suivi éditorial : Bleuenn Jaffres

Conception graphique : Justine Dupré
Composition : Nord Compo
Dépôt légal : novembre 2022
ISBN : 978-2-7491-6841-8

À Corentin

« Venez mes amis,
Il n'est pas trop tard pour partir en quête
D'un monde nouveau,
Car j'ai toujours le propos
De voguer au-delà du soleil couchant
Et si nous avons perdu cette force
Qui autrefois remuait la terre et le ciel
Ce que nous sommes, nous le sommes ;
Des cœurs héroïques et d'une même trempe
Affaiblis par le temps et le destin
Mais forts par la volonté de chercher, lutter,
trouver et ne rien céder. »

Alfred Tennyson,
extrait du poème « Ulysse ».

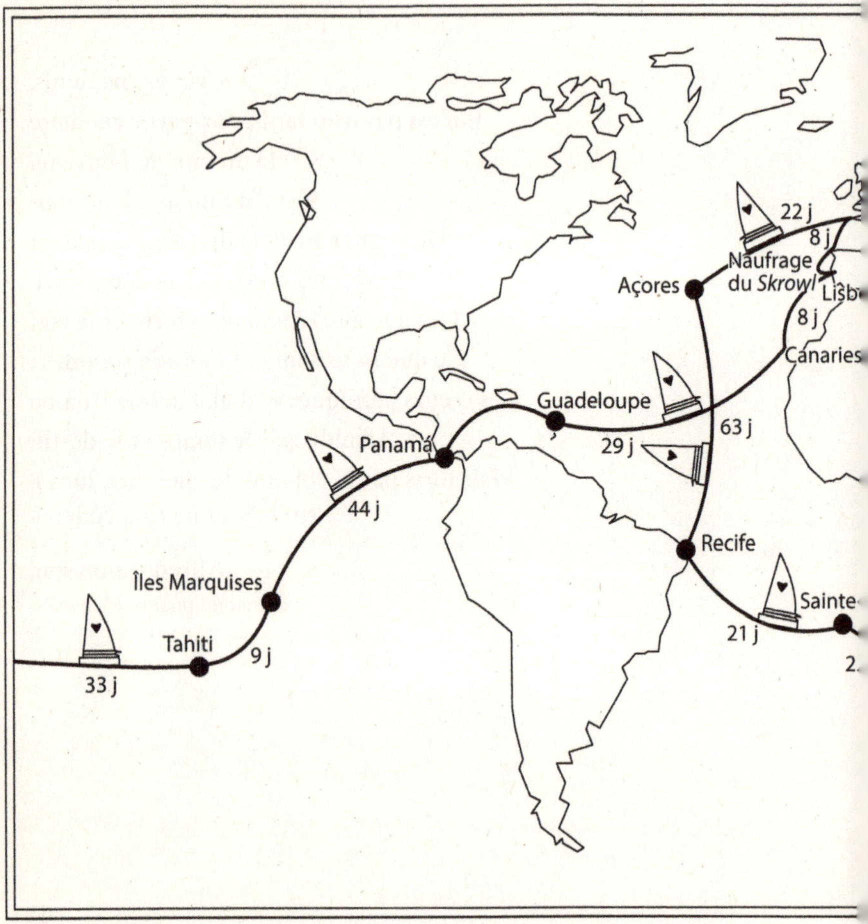

22 j
8 j
Naufrage
du *Skrowl*
Açores
Lisb
8 j
Canaries
Guadeloupe
63 j
29 j
Panamá
44 j
Recife
Îles Marquises
Sainte
21 j
Tahiti
9 j
33 j

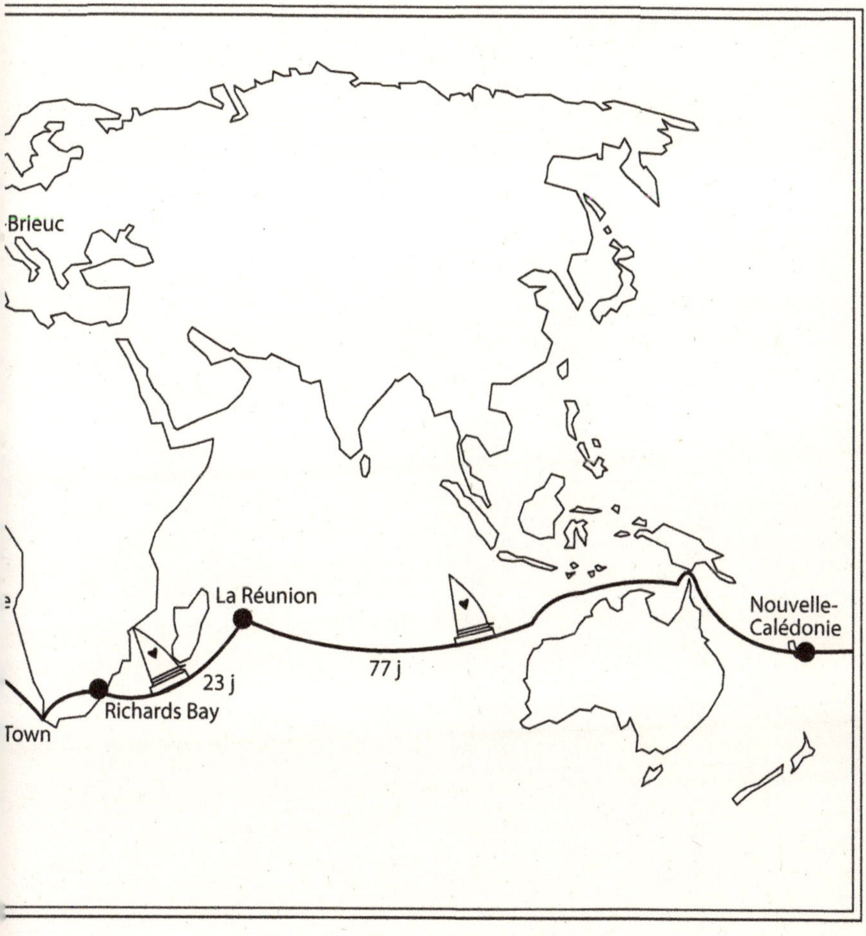

Brieuc
La Réunion
Nouvelle-
Calédonie
23 j
77 j
Richards Bay
Town

Un extraordinaire homme de mer

J'ai rencontré le bateau avant l'homme, *La Dépêche de Tahiti* l'avait mis en première page. Je suis aussitôt allé le voir au port.

J'ai été stupéfait de tant de simplicité, d'intelligence et de technique. J'ai laissé un mot en demandant au propriétaire du bateau de m'appeler. Ce qu'il a fait. J'ai fait la connaissance de Yann Quenet et j'ai découvert un merveilleux marin.

J'étais sûr que son aventure se terminerait de façon glorieuse. C'est la confirmation d'un extraordinaire homme de mer, d'un voyage d'homme fait avec un bateau d'enfant. Yann ne rêve pas, il agit et son action fait rêver.

Olivier de Kersauson

PRÉAMBULE

Première tentative : naufrage du *Skrowl*, août 2015

Je suis le roi du monde ! Je suis parti depuis une bonne semaine de La Corogne, en Espagne, et viens d'essuyer à nouveau un bon coup de tabac. Le *Skrowl*, mon mini-voilier de 4,30 mètres avec lequel j'ai quitté la Bretagne pour un tour du monde deux mois plus tôt, s'est super bien comporté. Nous ne sommes plus qu'à 450 milles[1] de Madère, vers où nous filons bon train. Le capot grand ouvert, le régulateur d'allure, une sorte de pilote automatique fonctionnant grâce au vent, barrant mieux que tous les matelots du monde réunis, la musique en accompagnement, je savoure mon voyage à fond.

Le roi du monde ? Tu parles !

La nuit vient juste de tomber, je fais un tour d'horizon pour vérifier qu'il n'y a pas d'autres bateaux dans le coin, mets l'alarme du réveil quarante-cinq minutes plus tard, m'installe bien confortablement et ferme les yeux.

---

1. En navigation, l'unité de mesure utilisée est le mille marin ou nautique. Un mille marin équivaut à 1 852 mètres.

Tout à coup, un bruit violent. Je reçois comme un seau d'eau en pleine figure. « *Que pasa ?!* » Je suis projeté à travers la cabine sous un déluge de flotte et d'objets divers. En quelques secondes, le bateau se remplit d'eau, mon gilet de sauvetage se déclenche et me propulse vers le haut avec une telle violence que je m'écrase le crâne contre le nouveau plafond qui était, quelques instants auparavant, le plancher. J'ai l'impression d'avoir chaviré par l'avant tant l'effet de catapulte a été violent ; une poche d'air s'est formée à l'intérieur, il y fait plus noir que dans un four, ça bouillonne de partout. Il faut faire quelque chose de toute urgence ! Une petite voix me dit de rester calme, mais je suis calme ; un peu endormi et bien mouillé, mais calme.

Je n'arrive plus du tout à me repérer dans le bateau, qui n'est pas si grand que ça quand même. La lampe torche ! Oui, c'est ça : la lampe torche ! C'est ce qu'il me faut en premier. Elle est fixée au montant de la cuisine ; je retrouve le montant, mais il n'y a plus de lampe accrochée dessus, ça craint du boudin !

Une petite lueur passe en flottant devant moi : c'est ma tablette, enfermée dans un sac en plastique rempli d'air, qui crachouille de la musique. Un type à la voix aiguë y braille qu'il ne veut pas que sa maîtresse lui coupe les tresses – cette chanson résonnera dans ma tête pendant les heures qui vont suivre. Je me rappelle que j'ai une deuxième lampe accrochée pas loin. C'est une lampe étanche bon marché à 5 euros, mais bon. Je la trouve, et la lumière fut.

Avec la lumière, c'est encore plus cauchemardesque : l'eau verte, les avirons et des centaines d'objets qui étaient censés rester à leur place se balancent et s'entrechoquent dans un bruit d'enfer.

J'essaie de faire gîter le bateau de droite à gauche avec le mince espoir qu'il se remette à l'endroit. J'avais pourtant fait plein de calculs très très savants avec l'aide de mon pif habituel et de mon prétendu bon sens, mais je n'avais pas pris en compte le fait de laisser le capot ouvert. Maintenant que le bateau est sur le toit et rempli d'eau, il flotte en pointant son nez à 45 degrés vers le ciel. J'ai beau gigoter dans tous les sens, rien n'y fait. Ce pauvre *Skrowl* a trouvé naturellement sa position la plus stable, et montre sans complexe ses dessous à la lune.

Premièrement, récupérer le sac avec la balise de détresse. Moi qui suis gravement dyslexique, il m'est en temps normal impossible de reconnaître ma droite de ma gauche. Ça me demande de gros efforts, d'autant qu'il faut maintenant inverser toutes les informations, vu que la droite est devenue la gauche et vice versa. Je me concentre en fermant les yeux un bon moment. J'arrive mentalement à localiser le sac, je tends le bras vers lui ; il est trop loin, il faut mettre la tête sous l'eau pour l'attraper, mais je ne peux pas y arriver avec mon gilet. Je l'enlève et il vient s'ajouter à tout ce bordel flottant. Ça y est, j'ai enfin ce foutu sac !

C'est un sac à dos étanche avec la balise fixée devant par un système de lacets. « Merde ! Comment ça marche, déjà, ce truc ? » La lampe dans la bouche, j'essaie de lire les instructions, mais je ne vois que dalle. Je touche plein de boutons, la balise se met à clignoter, je ne sais pas si ça émet, on verra ça plus tard. Je mets le sac sur mon dos.

Je commence enfin à retrouver ce qu'il me reste d'esprit. Il faut maintenant mettre en marche la procédure maintes fois répétée mentalement. En priorité, évacuer le radeau de survie fixé sur le plancher à l'intérieur du bateau. Je tranche les sangles qui le maintiennent avec mon couteau suisse qui ne me quitte jamais. Je ne sais pas pourquoi, mais j'imaginais que vu le poids du radeau Archimède exercerait une pression neutre sur lui et qu'il serait facile à faire couler. Eh bien pas du tout ! Archimède exerce sur lui une pression positive incroyable. Impossible de lui faire prendre la direction de la sortie vers le bas, ce con s'obstine à rester collé au plafond ! J'arrive tant bien que mal, en l'entourant avec mes jambes et en le poussant avec tout le reste de mon corps, à plonger avec lui et à lui faire passer le capot. Il doit maintenant flotter contre le plancher du cockpit. Je dévide la sangle de percussion, elle fait des kilomètres celle-là ou quoi ? Je tire des coups secs pour déclencher le radeau et voir si, par hasard, le choc pourrait remettre le bateau à l'endroit. Mais rien… ça ne percute pas ! Tant pis, on verra ça plus tard aussi. J'amarre la sangle à ma taille. J'ai les jambes qui commencent à flageoler ; c'est sûrement dû à l'effort physique, mais aussi au froid et à l'adrénaline.

Je passe à l'étape suivante : récupérer le grand sac étanche contenant tout le matériel de survie et des vivres pour plusieurs jours. Je l'amarre à la ligne de vie de mon gilet et lui fais prendre le même chemin que mon radeau. J'attrape ensuite le petit bidon contenant les fusées de détresse, qui seront plus utiles dehors que dedans, et le fixe à ma taille.

C'est le moment de plonger et d'évacuer, mais, avant tout, il faut réfléchir un minimum, il ne s'agit pas d'oublier quelque chose. Je suis en short et en tee-shirt ; si je sors maintenant, je vais sacrément me les cailler pendant les heures à venir. Le bidon contenant mes vêtements me cogne dans le dos depuis un bon moment. Je l'ouvre, extrais un pantalon et un pull et fais couler le bidon. En voilà un qui ne va plus m'emmerder. J'enfile mes nouveaux vêtements. Une chaussure passe en flottant juste sous mon nez, je l'enfile aussi, j'aurai au moins un pied au chaud.

Ma lampe commence à donner des signes de faiblesse. Je reprends le mou de la sangle du radeau pour qu'elle ne se coince pas quelque part sur le chemin de la sortie. J'ouvre mon couteau suisse, prêt à trancher n'importe quel cordage me barrant le passage, prends une bonne inspiration, mets la lampe dans la bouche et glouglouglou, je plonge, c'est parti mon kiki !

Le type chante toujours dans ma tête son histoire de maîtresse et de tresses. Putain ! Il s'est vraiment pas cassé la tête pour les paroles, celui-là ! Je nage vers l'extérieur suivi par le bidon à fusées. Ça y est, je suis enfin dehors ! Je m'agrippe à l'un des safrans. Je tire sur le bidon, mais il est coincé quelque part. Il ne doit pas être très loin, je pourrai le récupérer facilement ; je l'amarre et entreprends d'escalader la coque. C'est une vraie patinoire et des vagues me balaient sans arrêt, mais j'arrive tant bien que mal au sommet et me cale entre la quille et une des dérives, où j'enroule ma sangle. Pffiou, quelle galère !

J'éclaire autour de moi, le mât flotte en frappant la coque comme un bélier idiot. Comment se fait-il qu'il ne soit plus planté dans le bateau, celui-là ? J'aperçois aussi flotter le capot de l'écoutille avant. Je suis stupéfait, je n'arrive pas à comprendre comment il a pu être arraché. La voile ondule dans l'eau, l'espèce de dragon dessiné dessus qui forme une sorte de « S » comme *Skrowl* a l'air de me regarder en se marrant. La voile ! Mais oui ! il faut la récupérer pour me protéger des embruns, et la vergue aussi, plantée dans un des puits de dérive. Je serai plus visible si je croise un bateau dans les prochains jours.

Je m'apprête à plonger à nouveau quand j'aperçois, pas très loin, les feux d'un cargo. Pas un instant je ne pense qu'il peut être là pour moi. Je me rappelle que j'ai une VHF portable et une lampe flash dans mon sac à dos. Merde ! le sac est rempli d'eau, pas si étanche que ça finalement. Pas grave, la VHF est dans un sac zippable. Malheureusement, le sac est plein d'eau aussi, la VHF baigne dans son jus et évidemment ne s'allume pas. Je retire la lampe flash, l'allume et l'agite vers le cargo ; il y a peu de chances que ça marche avec toutes ces vagues, même moi, je ne le vois que par intermittence.

Incroyable ! Il y a un deuxième cargo dans le coin ! J'agite ma lampe au rythme de « Maîtresse, ô ma maîtresse ». Quelle chanson débile, quand même ! Le premier cargo s'éloigne, je dois être sur une route maritime, j'ai vraiment le cul bordé de nouilles.

Pas possible ! Je vois simultanément les feux vert et rouge du deuxième cargo, ce qui veut dire qu'il vient droit sur moi. Il balaie la mer avec ses projecteurs. Je me rappelle la balise, elle a bien été enclenchée. Je n'arrive pas à croire qu'un si grand bateau se déplace rien que pour moi. Ça me met mal à l'aise, mais j'agite quand même ma lampe de plus belle en changeant de plus en plus souvent de bras, car je commence à avoir sacrément mal aux épaules.

Tout à coup, une vague géante vient me percuter et m'envoie valdinguer à plusieurs mètres. Quelle claque, bon Dieu ! Je suis tout sonné, heureusement que je suis attaché. Je remonte vite fait sur la coque, mais j'ai perdu la lampe torche et mon couteau suisse. Je n'ai plus que la lampe flash que j'avais fixée à mon poignet. Lorsque je suis à nouveau sur la coque, le cargo n'est plus qu'à une centaine de mètres. Un projecteur est braqué sur moi et m'aveugle ; j'agite ma lampe comme pour lui dire que, moi aussi, je l'ai bien vu ! (Je me demande parfois si je ne suis pas un peu con !) J'aperçois trois bonshommes en combinaison et en casque orange qui sortent sur le passavant inférieur. Comment ils doivent me maudire, ceux-là : les faire sortir par un temps pareil alors qu'ils devraient être au chaud dans leurs bannettes…

Cinquante mètres, le cargo s'approche de plus en plus en montant et descendant sur plusieurs mètres. C'est super impressionnant, je distingue tout un tas de containers sur le pont. Il faut que je me concentre, ça va être chaud, cette histoire ! Je risque de finir écrasé contre sa coque si je ne me sors pas les doigts du cul. Je détache la sangle de la taille mais garde la boucle au poignet. Je n'ai aucune idée de la manière dont on compte me récupérer, autant essayer de ne pas faire des choses trop idiotes. L'un des hommes orange balance une bouée clignotante. S'il croit que je vais sauter à l'eau avec toutes ces vagues qui se fracassent sur cette muraille métallique, il se fout le doigt dans l'œil.

Le *Skrowl* va bientôt toucher le cargo. Au sommet d'une vague, j'aperçois un dalot avec une barre soudée en travers, c'est le moment ! Je largue ma sangle, saute sur cette barre et m'y accroche comme si ma vie en dépendait, ce qui n'est pas loin d'être le cas. Je la serre tellement fort qu'il n'est pas encore né, le gars qui pourra m'arracher de là. Le *Skrowl* est redescendu de plusieurs mètres, me laissant suspendu dans le vide.

Un gaillard, juste au-dessus de moi, me crie de lui donner ma main, il est marrant, lui ! Je ne lâcherai jamais cette putain de barre sans avoir un troisième point d'appui pour y mettre un pied. Si je lâche une main, je suis mort ! Je lève instinctivement les jambes, car j'ai peur que mon cher bateau, pour se venger de l'avoir lâchement abandonné, vienne me les écrabouiller. Mais pas du tout, bien au contraire, ce brave petit me donne un dernier coup de main. Je sens quelque chose sous mes pieds, c'est lui ! À l'aide d'une vague, il me hisse d'au moins un mètre. J'arrive à attraper le haut du bastingage. Une solide paire de mains m'accroche le bras ; je mets le pied dans le dalot, je sens qu'on me saisit l'autre jambe, et hop ! je suis projeté à l'abri par-dessus la rambarde. J'aurais bien tenté un « Salut, les gars » désinvolte, mais ça ne doit pas être très poli après les avoir obligés à sortir par ce temps.

Mes sauveteurs me sourient tous les trois de toutes leurs dents, probablement autant que je dois leur sourire en ce moment. Ils me font signe de les suivre. Le cargo vient de reprendre sa route, il tangue presque plus que mon petit bateau plein d'eau, qui doit déjà être hors de vue. Je n'ai pas le courage de regarder en arrière.

Le type avec ses tresses et sa voix de gonzesse vient de s'arrêter de chanter.

Un nouveau bateau : *Baluchon*

De retour quelques semaines plus tard chez moi en Bretagne, il a fallu faire le bilan : je m'étais planté en beauté, c'est vrai, mais j'étais loin d'être découragé. Il n'était évidemment pas question d'abandonner mon rêve de voyage autour du monde en bateau, il fallait juste prendre un peu de recul et tenter d'analyser ce qui avait foiré.

Il a fallu aussi se remettre à trouver un peu d'argent et cogiter dur pour concevoir le remplaçant du *Skrowl*. Des dizaines de nuits blanches et autant de litres de thé, des centaines de croquis et de nouvelles idées afin de sortir les plans de mon nouveau bateau : *Baluchon*. Je trouvais ce nom très adapté à mon programme : petit, léger, vite construit, sans chichis, avec une pointe d'humour ; ça changeait de *Skrowl*, issu d'un mélange savant entre « krill » (petite crevette du large dont se nourrissent les baleines) et « *scow* » (« chaland » en anglais, le nom qu'on donne généralement aux bateaux avec une étrave large), qui me semblait avec le recul un peu trop guerrier et peut-être prétentieux.

Quatre mètres de long, 1,60 mètre de large, *Baluchon* est un peu différent du *Skrowl.* Plus étroit mais surtout équipé d'une quille plus profonde avec un bulbe, une sorte de torpille en acier de 150 kilos situé à 90 centimètres sous la flottaison, ce qui devrait permettre d'augmenter considérablement le couple de redressement, qui avait fait tant défaut au *Skrowl.* Avec cette amélioration majeure, mon nouveau compagnon de voyage ne devrait pas rester à l'envers en cas de chavirage. Tout le monde fait des erreurs, autant essayer de ne pas faire deux fois les mêmes.

Depuis le jour où mon fils a pris son envol pour quitter le nid dans lequel nous vivions tous les deux pour devenir compagnon du devoir, je me suis retrouvé avec un sentiment de fierté pour lui et celui du devoir accompli pour moi. Dorénavant, j'allais m'occuper principalement de moi et ne faire que des trucs rigolos ; j'avais une longue liste de projets à réaliser impérativement avant qu'il ne soit trop tard, notamment mon vieux rêve d'effectuer le tour du monde à la voile.

J'ai alors démissionné d'un emploi très très ennuyeux de petit gratte-papier de base à la Direction départementale de l'équipement (DDE) (qu'une certaine faiblesse m'avait contraint à accepter beaucoup plus de temps que nécessaire) pour me consacrer uniquement à mes priorités. En parallèle, histoire d'alimenter mes minces frais quotidiens, j'ai créé une microentreprise de conception et de construction de petits bateaux en contreplaqué. Mais même si c'était une activité passionnante, je manquais sérieusement de malice et de sens du commerce, et les bénéfices se sont révélés peu compatibles avec mon envie de reprendre rapidement la mer. Trouver des fonds pour mon deuxième départ m'a donc pris un peu plus de temps que prévu. C'est ce qu'on pourrait appeler le « coût de la liberté ».

Au printemps 2016, soit huit mois après le naufrage, j'étais à l'œuvre pour commencer la construction de *Baluchon*, en alternant évidemment mon temps avec quelques commandes à honorer pour mon minichantier. Au cours de cette période, j'ai également passé plusieurs semaines chaque été au Canada pour filer un coup de main à un copain afin de restaurer sa goélette de 20 mètres ; j'ai aussi aidé pendant un temps mon ami Hervé Le Merrer à préparer sa traversée complètement dingue de l'Atlantique à la godille, et également fait partie de l'équipe d'Yvan Bourgnon pour la préparation de son projet de passage du Nord-Ouest en catamaran de sport. Bref, en plus de travailler sur mon bateau, je me suis aussi bien amusé à bosser sur celui des autres. *Baluchon* était complètement terminé à l'automne 2018, mais la saison était déjà bien trop avancée pour tenter le départ, il a fallu malheureusement patienter un peu.

J'avais décidé de repartir de Lisbonne, approximativement à la même latitude que l'endroit où j'avais perdu le *Skrowl*, une sorte de continuité logique avec mon voyage précédent. Et puis, comme *Baluchon* n'est pas homologué et que je ne possède pas les équipements réglementaires pour naviguer à plus de 3 milles des côtes, ça me permettait aussi d'éviter toutes les petites tracasseries administratives françaises et de tomber sur un agent zélé des autorités maritimes qui m'aurait contraint de rester à quai.

Depuis mon retour la queue entre les jambes de ma mésaventure avec le *Skrowl*, j'avais essuyé bon nombre de quolibets, de critiques cinglantes, et de « Je l'avais bien dit ». J'ai donc essayé d'être le plus discret possible, mais *Baluchon*, malgré sa petite taille, ne l'était pas vraiment, tout comme les quelques copains du port de Saint-Brieuc qui avaient deviné sans mal que ma lubie de faire un tour du monde était loin d'être tombée à l'eau. Mon projet faisait causer sur les pontons. Certains me considéraient comme un gros timbré. D'autres, en les comparant aux leurs, doutaient fortement de mes capacités. D'autres encore, par esprit de contradiction avec les premiers, affirmaient que c'était peut-être possible mais qu'un bateau de 4 mètres pour aller au large, ce n'était tout de même pas très raisonnable et que c'était surtout une drôle d'idée.

Après quelques essais en mer, histoire de vérifier si mon *Baluchon* flottait bien et surtout s'il pouvait se remettre à l'endroit une fois la tête en bas, j'ai modifié une minuscule remorque benne en faisant un trou au milieu pour pouvoir y encastrer la quille, attelé le tout derrière ma camionnette hors d'âge, et un beau matin du printemps 2019, j'ai quitté la Bretagne et mis le cap sur le Portugal, à 1 700 kilomètres plus au sud, second point de départ de mon voyage vers des destinations lointaines.

Traverser la France, l'Espagne et le Portugal par les petites routes de campagne a été toute une aventure en soi. Ma remorque n'était pas vraiment en règle avec le Code de la route et pas assurée. J'avais aussi, par négligence, laissé passer la date du contrôle technique de ma camionnette, dont l'embrayage commençait à donner de sérieux signes de faiblesse, ce qui m'a valu de belles inquiétudes pour passer très difficilement quelques cols assez abrupts paumés au beau milieu de l'Espagne.

Comme je n'aime pas trop conduire et que je ne prends jamais l'autoroute, il m'a fallu pratiquement trois jours pour rejoindre Lisbonne. Une fois sur place, aucune marina ne voulait de mon bateau, même s'il y avait visiblement de la place partout où je me suis arrêté (qui plus est pour un bateau de 4 mètres de long) ; on me répondait chaque fois qu'il était nécessaire de réserver à l'avance, mais je crois plutôt que ma dégaine peu avenante et l'allure étrange de mon drôle de bateau ne devaient pas vraiment correspondre aux standards des marinas portugaises. En tournicotant presque une journée entière, j'ai réussi à trouver un chantier naval où laisser *Baluchon* à sec pour quelques jours, le temps de ramener ma camionnette chez moi (je ne pouvais naturellement pas l'abandonner toute seule sur place).

Mon retour au Portugal a lui aussi été toute une poésie ; vingt-cinq heures de car, que j'ai adorées. Bien que je n'aie pas plus de sens du contact qu'une vieille batterie à plat, j'aime bien observer les gens, surtout dans les transports en commun, et plus particulièrement dans les cars longue distance. Ce n'est pas du tout le même type de personnes que l'on croise dans un train ou dans un avion – on y trouve majoritairement des gens plus modestes. J'adore essayer de deviner le métier et la vie de tous ces passagers, comme mon voisin de siège, un vieux Portugais tout sec et tout noueux, endimanché dans son costume un peu élimé. Imaginer sa vie de labeur depuis des lustres en France et son retour de temps en temps dans son village perdu au cœur du Portugal m'a profondément ému. Même si, à un moment, j'ai eu envie de lui mettre un bon coup de coude quand il s'est endormi sur mon épaule.

Le seul véritable désagrément du voyage aura été le pillage complet de mon sac à dos dans la soute du car. Je n'y ai pas retrouvé les quelques cordages, poulies, bricoles et le pavillon français tout neuf, petites pièces complémentaires de dernière minute que j'avais cru bon de rapporter à mon cher petit *Baluchon.*

Pourquoi un si petit bateau ?

Je tiens d'abord à préciser que je n'ai évidemment pas choisi de voyager sur un minibateau juste pour faire parler de moi ou pour faire mon intéressant, rien que cette idée m'aurait un peu inquiété et aurait été très éloignée de ma façon de voir les choses.

Heureusement pour moi, il y a déjà eu un record sur un plus petit voilier : un Australien du nom de Serge Testa a réalisé un tour du monde dans les années 1980 sur un bateau de 3,60 mètres. Faire la course à l'échalote et entrer dans le livre des records ne m'intéressait pas spécialement. Ce jeu un peu saugrenu, qui consiste à savoir qui a la plus petite, l'inverse du fameux jeu très répandu de celui qui a la plus grande, ne correspondait pas vraiment à mon projet, qui était simplement de vouloir naviguer en toute simplicité. Mais même si le bateau le plus petit à avoir fait le tour de la planète mesurait 3,60 mètres de coque, il disposait aussi d'un bout dehors à l'avant, ce qui fait qu'à quelques centimètres près nos bateaux respectifs doivent avoir à peu près la même taille hors tout.

En fait, l'idée de naviguer sur un tout petit bateau m'est venue petit à petit : c'est le fruit de plusieurs années de réflexion, de constructions et de navigations sur d'autres voiliers plus ou moins gros.

Il est également possible que la vraie raison pour laquelle je me suis orienté vers ce genre de navigation, c'est que les grands bateaux sont faits pour les grandes personnes, celles qui ont une situation sociale sérieuse, celles qui préfèrent une maison confortable en dur à une cabane dans un arbre. Au fond de moi, malgré la cinquantaine qui commençait sérieusement à me guetter, je me considérais beaucoup plus comme un petit garçon que comme un adulte responsable. Le plaisir que j'ai pris pour construire et faire naviguer mes petits « bateaux jouets » s'approche de celui d'un enfant fabriquant un modèle réduit de voilier et qui serait tout excité à l'idée de l'essayer sur le ruisseau ou le bassin du jardin public d'à côté.

Pour pratiquement tout le monde, avant d'avoir un bateau, il faut déjà avoir travaillé un minimum et économisé assez d'argent pour pouvoir se le payer. Mais une fois qu'on le possède, cela entraîne toujours une multitude de problèmes techniques et financiers à résoudre constamment, ce qui devient très pénible à la longue. Par définition, tout tombe en panne un jour ou l'autre sur un voilier et rien ne dure, ce qui oblige à travailler encore et encore pour maintenir ce foutu rafiot en état de naviguer.

Je n'apprendrai évidemment à personne que notre temps ici-bas est compté et qu'il vaut beaucoup mieux, à mon avis, l'utiliser pour naviguer que pour financer et entretenir un bateau. Je reconnais que pour certains, c'est un réel plaisir de passer du temps à bichonner leur bateau, de lui offrir des équipements dernier cri : c'est un choix qui se respecte, mais pour moi moins on passe de temps à quai ou à travailler, mieux c'est.

Je souhaitais donc un bateau simple à faire naviguer, économique et fiable (un bateau de fainéant, donc). Mais même en écumant tous les salons nautiques du monde, un tel bateau est tout bonnement introuvable, pour la simple et très bonne raison que ceux qui les conçoivent et les construisent, tout comme ceux qui les achètent, veulent des bateaux compliqués, chers et peu fiables. Cela peut paraître assez paradoxal, sauf si l'on ajoute la vitesse et le confort au cahier des charges, deux notions qui me sont assez étrangères et qui compliquent et fragilisent infiniment les voiliers de croisière modernes.

N'étant jamais aussi bien servi que par moi-même, j'ai donc décidé de dessiner et de construire moi-même ce bateau, ce qui a aussi imposé une nouvelle donnée dans le cahier des charges : il fallait qu'il soit hyper rapide à construire. Me lancer dans une construction demandant des années ne me disait rien non plus. Autre caractéristique qui me paraissait très intéressante : un minibateau peut être transporté très facilement par la route, sans avoir besoin d'utiliser une grosse cylindrée. L'idée de pouvoir visiter ou traverser un pays par la voie terrestre me semblait très bonne, tout comme le fait de pouvoir facilement stocker le bateau loin d'une marina ou d'un chantier naval au cas où il aurait fallu le laisser à terre pour un temps indéterminé. Cette possibilité me donnait un sentiment de liberté et de sérénité encore plus grand.

Côté sécurité, l'aventure ne me semblait pas plus dangereuse qu'elle pouvait le paraître au premier abord. Surtout si le bateau était dès le départ conçu pour être insubmersible et autoredressable. En cas de très mauvais temps, un bateau très petit et léger se comporte comme un bouchon, n'offrant que peu de prises aux éléments. Évidemment, ça ne serait pas très confortable pour moi enfermé à l'intérieur, mais tant que le bateau se trouverait loin des côtes, j'avais, je pense, toutes les chances de m'en sortir (à condition de ne pas oublier de fermer le capot !). Il faut dire aussi que dès le départ j'ai conçu le bateau de manière à pouvoir le manœuvrer entièrement du capot de descente, me dispensant ainsi de cockpit, et sans avoir besoin d'aller faire le guignol sur le pont, principale source d'accidents mortels sur un voilier.

C'est en combinant tous ces facteurs que je me suis rapproché, après pas mal d'heures de réflexion, du concept du tout petit bateau hauturier, d'abord le *Skrowl*, puis en tenant évidemment compte de ses défauts, *Baluchon.* Pour ce dernier, histoire de corser un peu l'affaire, il fallait aussi impérativement entrer dans un budget maximal de 4 000 euros (montant de mes économies au début des travaux) et le construire dans un temps imparti de 400 heures, se contraindre en termes de temps étant, à mon avis, un bon moyen de mener à terme un projet avec le maximum de chances de réussite.

Le pari des 4 000 euros et des 400 heures a presque été tenu. Le bateau a bien tiré ses premiers bords en rentrant dans les clous, mais j'ai eu besoin d'une centaine d'heures de travail supplémentaires pour ajouter du poids dans la quille et faire quelques modifications ici ou là, et d'environ 1 500 euros pour acheter des équipements pour la navigation : un pilote électrique bas de gamme, deux batteries, deux petits panneaux solaires, un détecteur de signal AIS[1], une VHF portable d'occasion et une balise de détresse individuelle. Évidemment, avec un tel budget, pas question d'avoir de moteur, ni de système de navigation élaboré, ni le moindre moyen de communication avec la terre.

Il faut aussi souligner que je suis parvenu à entrer dans le budget grâce à un certain sens de la récupération. La quille, par exemple, ne m'a coûté que le prix des huit boulons pour la fixer à la coque. Elle a été entièrement fabriquée avec deux tôles en acier d'un centimètre d'épaisseur, que j'avais récupérées quelques années plus tôt dans une usine en démolition pas très loin de chez moi, le tout complété par quelques morceaux de plomb glanés ici ou là. Idem pour une bonne partie de la peinture et la boulonnerie, issues principalement de restes de mes précédents bateaux ou chantiers. J'ai aussi échangé le plexiglas pour mes hublots contre une feuille de contreplaqué et

1. Les signaux AIS sont des émissions par ondes radio qui rassemblent plein d'informations, telles que le nom du navire, sa taille, sa vitesse, son cap, l'âge du capitaine et quelques autres trucs pas vraiment utiles. Émettre un signal AIS est normalement obligatoire pour les cargos et les bateaux d'un certain tonnage.

quelques chutes de bois exotique. Les hublots ouvrants sur le pont, quant à eux, ont été achetés d'occasion pour presque rien. Environ quarante pour cent du budget global a été consacré à l'achat de deux tubes en fibre de carbone pour fabriquer mon mât, ainsi qu'à la confection de la voile par un professionnel.

Pas besoin d'être un génie en architecture navale pour comprendre que pour dessiner un minibateau il ne suffit évidemment pas de copier ou de s'inspirer d'un bateau plus grand et d'en réduire ensuite la taille. Dans ce cas, ça s'appelle une « extrapolation », et les extrapolations, en construction de bateaux comme ailleurs, ne créent souvent que des projets un peu crétins mal adaptés à la réalité.

Qu'on navigue en solitaire sur un bateau de 10 ou 4 mètres de long, la quantité d'eau douce, de nourriture et d'équipements de base à embarquer est la même, voire plus importante dans le dernier cas, car logiquement le trajet durera plus longtemps. C'est pour cela qu'il m'a fallu étudier une carène spécifique, capable de supporter un gros chargement par rapport à sa taille sans pour autant perdre trop de vitesse, ce qui m'a évidemment demandé de me creuser un peu les méninges. L'objectif n'était pas d'avoir un bateau spécialement rapide, mais il fallait cependant résoudre une équation compliquée : plus une traversée dure, plus il faut emporter des vivres et de l'eau douce, mais plus le bateau est chargé, moins il va vite, donc plus la traversée dure… Comme on le voit, imaginer une carène de tout petit bateau n'est pas si simple que ça.

J'ai aussi voulu mettre en pratique une théorie assez bizarre qui me trottait dans la tête depuis un bon bout de temps. Depuis quelques décennies déjà, une évolution importante a eu lieu dans la conception des carènes des monocoques de course et de croisière : on est passé petit à petit de coques étroites, lourdes et profondes, qui fendent l'eau un peu à la manière d'un couteau, à des coques plus légères, peu profondes et plates, qui se comportent un peu à la manière d'une cuillère que l'on glisse sur l'eau, voire d'un caillou à ricochet ou d'une planche de surf. Ce changement explique en partie l'augmentation incroyable des performances des bateaux ces dernières années. En gros, en regardant par en dessous la forme d'un monocoque moderne, on s'aperçoit que la partie avant du bateau à la flottaison est relativement large. La difficulté que rencontrent les architectes navals est de faire correspondre ce volume avec une étrave assez fine permettant d'éviter d'écraser l'eau à chaque mouvement de tangage du bateau. Or, dans le cas d'un tout petit bateau, l'effet de tangage est quasiment nul (contrairement à l'effet de roulis, qui lui est très amplifié). En théorie donc, une étrave pointue comme sur la majeure partie des bateaux ne se justifiait pas du tout. En gros, le comportement global d'un tout petit bateau devrait plus s'apparenter à celui d'un traîneau dans la neige qu'à un gros bateau bien pointu qui fendrait puissamment les vagues. Une étrave presque carrée n'est d'après moi pas du tout une hérésie, bien au contraire. Elle a aussi l'avantage d'augmenter considérablement la capacité de charge, et d'éviter d'enfourner dans les vagues lors de départs au surf non contrôlés (pour me conforter dans mon choix, ce type d'étrave commence à se répandre sur certains bateaux de course au large, notamment dans la classe mini). Bien évidemment, tout cela est très résumé et simplifié, les règles de l'hydrodynamique sont un peu plus complexes que ça, mais globalement ce sont ces idées qui ont servi de base à ma réflexion.

J'ai aussi voulu revisiter le système de voilure. De nos jours, la majorité des voiliers sont équipés de deux voiles plus ou moins triangulaires : une en avant du mât et une en arrière. Ce type de gréement, fruit de plusieurs décennies d'évolution, est ce qu'il y a de plus adapté à la navigation en course, voire en croisière rapide et en équipage, mais ce n'est pas vraiment pratique pour la croisière plus pépère en solitaire, surtout sur un minibateau. C'est aussi, à mon avis, un gréement très fragile, car composé de centaines de petites pièces avec des noms compliqués : des haubans, des ridoirs, des chapes, des barres de flèche, des axes, des réas, des goupilles, des poulies, des manilles, des kilomètres de cordages en tout genre, d'un enrouleur de la voile d'avant, qui à lui seul contient des roulements, des paliers et tout un tas d'autres choses pas vraiment adaptées au milieu marin. Généralement, si une seule de ces pièces vient à casser, le mât a toutes les chances de tomber, ce qui est assez embêtant. C'est pourquoi j'ai cherché à avoir un gréement le plus simple et dépouillé possible, pour le fiabiliser d'une part, et aussi d'autre part pour le rendre beaucoup plus facile à utiliser en le rendant autovireur et en simplifiant au maximum le système de réduction de la voilure.

Contrairement à mon projet, dont l'étude me permettait de partir d'une page totalement vierge, la conception des voiliers de croisière plus grands a bénéficié de lentes évolutions et améliorations, chaque architecte, chaque inventeur, chaque coureur a apporté petit à petit sa pierre à l'édifice, ce qui a abouti aux formes de carène et de gréement très performantes que l'on trouve sur la majeure partie des voiliers de nos jours. Mais dans le cas des tout petits bateaux hauturiers, en revanche, les expériences de mes rares prédécesseurs, qui ont certainement comme moi conçu leurs bateaux d'une manière assez empirique, ne m'ont pas été très utiles, à part pour me montrer que naviguer au large sur ce type de bateau était tout à fait possible.

Comme je suis un parfait autodidacte, en tant aussi bien que designer, constructeur ou navigateur, j'avais un gros avantage par rapport à des confrères ayant de longues expériences dans leurs domaines respectifs : je n'étais pas influencé par un système de pensée créé par les habitudes et les conventions, et je pouvais me proposer à moi-même des variantes de plus en plus simples des plans de mon bateau, sans être complexé par le sentiment de dévalorisation de mon travail et de mes connaissances acquises au prix de grands et longs efforts. Je pouvais sans problème m'autoriser des compromis extrêmes, synthétiser tous les paramètres et toutes les difficultés, sans avoir besoin d'organiser des réunions sans fin ni de me fâcher avec moi-même pour des broutilles, ni d'être confronté aux sempiternels problèmes d'ego présents dans tout travail d'équipe.

Pour construire le bateau, je me suis orienté vers une méthode que j'affectionne tout particulièrement, qui consiste à employer simultanément trois matériaux :

1. le contreplaqué, qui se présente sous la forme de grands panneaux composés de feuilles de bois très fines collées les unes sur les autres, en alternant le sens des fibres à 90 degrés ;

2. la fibre de verre, une sorte de tissu très solide ;

3. l'époxy, une colle à deux composants très résistante, que l'on peut utiliser telle quelle ou épaissir jusqu'à obtention d'un mastic plus ou moins consistant qui permet d'assembler les panneaux de contreplaqué entre eux et de coller la fibre de verre sur le bois.

Avec seulement ces trois matériaux, un peu de bon sens, une scie sauteuse, une spatule, une paire de ciseaux pour découper de la fibre de verre, une balance de cuisine pour doser le mélange de colle, et bien sûr un couteau suisse, il est possible de construire un bateau super costaud. La seule contrainte réelle est qu'on ne peut pas vraiment utiliser l'époxy en dessous de 18 degrés, ce qui demande, si on habite sous des latitudes tempérées, soit de chauffer son local de travail l'hiver, soit de s'organiser pour construire son bateau en été (quitte à casser un peu les clichés, même en Bretagne, cela est tout à fait possible durant quelques mois !).

Tout ça pour dire que je me suis vraiment éclaté à concevoir et construire le *Skrowl* puis *Baluchon*, car il a fallu partir sur de nouveaux codes, de nouvelles façons de penser et de l'innovation radicale pour imaginer la meilleure forme de coque, de voile et d'équipements en ayant sans cesse à l'esprit de simplifier les choses au maximum.

C'est sûr, il m'a fallu deux bateaux pour arriver à un certain résultat, que l'on peut très certainement améliorer encore, mais concevoir et construire ces bateaux a été pour moi une aventure à part entière et une réelle source de plaisir.

PREMIÈRE PARTIE : L'ATLANTIQUE

Traversée Lisbonne-
îles Canaries, mai 2019

Exactement comme je l'ai laissé deux semaines plus tôt, je retrouve mon cher *Baluchon*, tout joli tout beau avec sa belle peinture neuve, dans le chantier naval qui domine le Tage. Il a l'air impatient de prendre le large, mon petit bouchon, mais il me paraît tout à coup vraiment minuscule coincé au beau milieu des vedettes militaires portugaises et des gros yachts en travaux ou en hivernage.

Comme un clin d'œil, je crois voir passer au loin le *Sete Cidades*, le cargo qui m'a secouru presque quatre ans auparavant ; c'est un des bateaux qui assurent la liaison entre l'archipel des Açores et le continent.

Comme d'habitude, je joue la carte de la discrétion. Quand quelqu'un me demande où je compte aller avec ce drôle de bateau, je réponds invariablement que j'envisage de faire de la navigation côtière quelque part dans le Sud, sans plus de précisions – information complètement fausse, car je n'ai absolument aucune intention de naviguer près des côtes, je n'aime pas du tout ça, on ne peut jamais y laisser son esprit divaguer, on doit en permanence être concentré, avoir en tête les horaires des marées, l'emplacement des courants, des cailloux et des innombrables écueils ; il faut aussi surveiller sans cesse la météo, les bouées de pêcheur et les autres bateaux. À part pour y gagner sa croûte, régater entre trois bouées, pêcher ou se pavaner, je ne vois pas vraiment de raisons valables de s'approcher trop près des cailloux ou des dangers. Je me sens beaucoup plus serein et en sécurité au large, où j'ai aussi la satisfaction de n'embêter personne (à part quand je me retrouve dans une situation critique, la quille en l'air, en pleine nuit de gros temps, mais je compte bien ne plus avoir à subir une telle déconvenue à l'avenir).

Mon plan est simple, j'ai l'intention de mettre à l'eau *Baluchon* en fin d'après-midi, et de profiter de la nuit pour prendre immédiatement et discrètement la direction du large et disparaître du monde des terriens sans demander mon reste. Globalement, pour la suite du voyage, l'objectif est de tenter d'attraper les alizés, ces vents qui vont d'est en ouest tout autour du globe au niveau des tropiques, et de les suivre le plus longtemps possible. Tout au fond de moi, j'ai encore l'audace de rêver à un tour du monde complet, mais maintenant que je suis au pied du mur, c'est devenu une sorte de mirage, un rêve à peine atteignable, un peu trop grand pour qu'il puisse se réaliser. Si déjà la chance me permet d'aller jusqu'en Polynésie, voire en Australie, ça serait extraordinaire, mais pour l'instant rien que l'idée de traverser l'Atlantique me file le vertige. J'éprouve des sensations bizarres et contradictoires, une sorte de mélange d'angoisse et d'excitation.

La principale difficulté pour voyager en voilier autour du monde est de gérer les saisons pendant lesquelles il est plus raisonnable de naviguer sans trop de risque de rencontrer du véritable mauvais temps. On peut évidemment se foutre complètement de la météo et partir pour le large le nez au vent quand ça nous chante, qu'importe si c'est en plein hiver dans les régions à système dépressionnaire ou en plein été dans les régions sujettes aux cyclones. Il n'en reste pas moins que la réussite d'une traversée océanique est toujours soumise à une part d'aléas, même avec de grands bateaux. Ce n'est vraiment pas la peine d'aller sciemment au-devant de problèmes en tentant des traversées pendant les mauvaises saisons.

Ayant résolu pour cette fois l'épineux problème de la traversée du redoutable golfe de Gascogne, qui, même en plein été, peut se révéler très musclée, partir de Lisbonne présentait aussi quelques avantages au niveau de la météo. Je suis bien placé pour savoir que les côtes du Portugal peuvent aussi recevoir de bons coups de vent, mais à partir du mois de mai se met théoriquement en place un régime de vents venant du nord, appelés les « alizés portugais ». Ce sont justement ces vents que je voulais attraper pour commencer mon voyage, quitte à le mettre entre parenthèses pendant plusieurs mois une fois arrivé aux îles Canaries jusqu'à ce que ce soit la bonne saison pour traverser l'Atlantique, aux environs du mois de novembre.

Dans mon esprit, cette première étape de Lisbonne jusqu'aux îles Canaries n'est qu'une sorte de galop d'essai, pas vraiment mon vrai départ. Si tout se passe comme prévu, je compte laisser *Baluchon* tout l'été sur une des îles de l'archipel et retourner en Bretagne gagner un peu d'argent pour pouvoir tenir ensuite le plus longtemps possible sans travailler. Trouver de petits jobs en cours de route est sans doute envisageable, mais sur la route très fréquentée des alizés, il est plus que probable que je sois mis en concurrence avec pas mal de navigateurs en dilettante qui, plus tchatcheurs et plus dégourdis socialement que moi, auront toutes les chances de me rafler le moindre petit boulot. Et si, par hasard, *Baluchon* n'avait pas un comportement assez sain pendant ce court trajet, je pourrais rester un peu de temps aux Canaries pour le modifier afin de continuer le voyage dans de meilleures conditions. Mais finalement, à ma très grande surprise, *Baluchon* se comporte merveilleusement bien et nettement au-delà de mes espérances.

Pour beaucoup de gens, être tout seul sur un voilier et tenir la barre jour et nuit jusqu'à épuisement en puisant plus qu'il n'en faut dans ses réserves physiques et psychiques doit être un enfer, mais en fait pas du tout ! Depuis longtemps déjà, aucun navigateur solitaire ne touche la barre, à part quelques régatiers se bagarrant pour gagner quelques dixièmes de nœud[1], et c'est souvent peu productif, car en général les pilotes barrent beaucoup mieux qu'un humain, sans jamais se plaindre ni se fatiguer.

---

1. En navigation, l'unité de vitesse utilisée est le nœud. Il correspond à 1 mille marin (1 852 mètres) à l'heure.

Pour faire une petite parenthèse technique, il existe deux sortes de système pour qu'un voilier puisse se diriger tout seul : on peut utiliser un pilote électrique, une sorte de boussole électronique couplée à un moteur électrique qui actionne un petit vérin qui pousse ou tire sur la barre. C'est ce type d'appareil que l'on trouve sur la majorité des bateaux ; il a l'avantage d'être facile à utiliser et à installer, mais, comme son nom l'indique, il a besoin d'électricité pour fonctionner. Il est aussi très fragile et pratiquement impossible à réparer en pleine mer. Mais il existe un autre système pour barrer les bateaux : le régulateur d'allure, une sorte de grosse girouette que l'on règle suivant la direction du vent ; quand le bateau change de route par rapport au vent, la girouette actionne un dispositif agissant sur la barre qui redresse le bateau. Le régulateur d'allure est d'après moi le système le plus génial et le plus autonome qui soit ; on peut même le construire assez facilement soi-même si on est un tantinet ingénieux et bricoleur (il existe des régulateurs d'allure dans le commerce, mais ils sont hors de prix et bien trop compliqués et puissants pour une vulgaire barcasse de 4 mètres). Contrairement au pilote électrique, un régulateur peut se réparer dans pratiquement tous les cas. Dans l'esprit de mon voyage, ce moyen de barrer semblait bien plus approprié qu'un pilote électrique.

Cependant, pour concevoir un régulateur parfaitement adapté à son bateau, il faut savoir aussi exactement comment il navigue et avoir fait pas mal d'essais dans tout un tas de conditions en mer. C'est aussi pour cela que j'ai voulu profiter de cette première étape pour bien connaître le comportement de *Baluchon*, pour ensuite concevoir et fabriquer le régulateur le plus adapté, le plus simple et le plus fonctionnel possible. Mais grâce au bon comportement de mon *Baluchon*, fabriquer un régulateur était devenu tout à fait superflu. En partant de Lisbonne, j'avais simplement un petit pilote électrique, qui s'est révélé très largement suffisant pour emmener mon bateau sur des milles et des milles grâce à une autre particularité de *Baluchon* : son système de voilure.

Pour faire naviguer son bateau sans personne à la barre quel que soit le système utilisé, il faut que la voilure soit parfaitement réglée et, surtout, que le bateau ne soit ni sur-toilé ni sous-toilé. Il est très facile de savoir si un bateau de croisière est sur-toilé ou sous-toilé : quand il a tendance à remonter face au vent, il y a trop de toile ; s'il a tendance à tourner le cul au vent, c'est qu'il n'a pas assez de toile ; s'il va tout droit, il y a juste ce qu'il faut. Sur ce point, *Baluchon* possède l'avantage indéniable d'avoir une seule voile sur un seul mât, qui est constitué d'une simple perche en fibre de carbone tournant sur elle-même, permettant de réduire ou d'augmenter pratiquement instantanément la surface de voile. Cette dernière étant réglable au centimètre carré près, *Baluchon* pouvait pratiquement se barrer tout seul, le pilote électrique ne travaillant alors presque pas : juste un tout petit coup de vérin de temps en temps, sans consommer toute l'électricité fournie par mes deux petits panneaux solaires. Évidemment, cette théorie ne s'applique qu'à la pratique de la croisière ; en régate (ou si l'on n'aime pas être en mer et qu'on veut rejoindre la terre le plus rapidement possible), il faut mettre le maximum de toile, mais les pilotes souffrent et consomment beaucoup plus d'électricité.

La traversée jusqu'aux Canaries est un vrai régal, avec une météo sublime. *Baluchon* se révèle être le bateau idéal, pratiquement le meilleur bateau du monde. Mais rien n'est jamais parfait en ce bas monde. Dès que j'arrive en vue de l'île de Lanzarote et à portée de réseau, je reçois un message sur mon téléphone. En l'écoutant, je suis un peu sur le cul. Avant de partir, on m'avait prêté un tracker, un petit appareil censé envoyer un signal à un satellite qui indique ensuite ma position sur une carte via un lien internet que j'avais divulgué avant mon départ. À terre, on pouvait ainsi savoir où j'étais et visualiser ma progression. J'avais essayé ce foutu tracker avant de partir. Il fonctionnait parfaitement, donc tous les soirs, comme un bon petit soldat obéissant, j'appuyais consciencieusement sur le bouton de ce petit boîtier orange. Oui mais voilà ! un tracker, ça bouffe de l'électricité comme c'est pas permis ! Malgré des piles neuves, au bout du quatrième jour d'utilisation, sans que je m'en aperçoive, le signal ne passait plus du tout. Tout le monde à terre a commencé à s'inquiéter, inquiétude amplifiée par les réseaux sociaux, et surtout par la confiance limitée que mes proches avaient en mes capacités de marin et dans la fiabilité de mon bateau (comme si j'avais déjà eu des antécédents !). Malgré moi, tout un branle-bas de combat a été mis en place – le centre des secours en mer a même été informé qu'un gugusse était parti en mer en toute illégalité, et qu'on était sans nouvelles ni de lui ni de son bateau depuis une bonne semaine. Quand j'apprends ça, ça me met super mal à l'aise… Moi qui déteste téléphoner, je suis obligé d'appeler le centre de secours en mer pour annuler la procédure de recherche qui était en train de se mettre en place. Ça gâche tout mon plaisir.

Ce tracker m'a mis dans une situation très désagréable. J'envisage de ne plus l'utiliser pour la suite : cette technologie, finalement, apporte plus d'inconfort qu'autre chose. Si jamais il devait m'arriver un problème, j'ai une balise de détresse, que je compte bien n'enclencher qu'en tout dernier recours, pas comme lors de mon chavirage avec le *Skrowl.* Quoi qu'il arrive, c'est moi et moi seul qui décide, surtout pas quelqu'un d'autre. Par ma faute, cette indépendance que je recherchais à tout prix était en train de virer en une sorte de surveillance extrême à laquelle je ne peux pas échapper, même au beau milieu de l'océan.

J'ai laissé aux autres une sorte d'emprise sur moi, ce qui m'a gêné au plus haut point. Communiquer avec quelques personnes à terre, partager un peu mon aventure, pas de problème, mais je ne suis visiblement pas prêt, en contrepartie, à y laisser ma liberté. Ce qui me dérange le plus, en fait, c'est que mon attitude est pleine de contradictions. Si je ne veux pas qu'on s'inquiète pour moi, je n'ai qu'à partir sans communiquer avec le reste du monde. Beaucoup l'ont déjà fait et d'autres le feront encore. J'ai été pris entre deux feux. Je veux vivre une aventure radicale, mais je veux bien la partager, ce qui, a priori, n'est pas très compatible.

Traversée de l'Atlantique : port d'Arrecife sur l'île de Lanzarote, archipel des Canaries, novembre 2019

Après avoir laissé mon cher *Baluchon* quatre longs mois pour gagner laborieusement quelques sous pour la suite du voyage, je viens enfin de le retrouver. Je suis tout ému. J'ai trop faim de grand large. Le bateau est presque prêt, il ne reste plus qu'à remplir mes bidons d'une soixantaine de litres d'eau et à acheter un peu de vivres : une trentaine de boîtes de sardines à l'huile et autant de portions de nouilles chinoises, des gâteaux secs, du thé en sachets et de la sauce tomate, et je suis paré pour me lancer à travers l'Atlantique. J'investis aussi dans du jus de citron concentré et du gingembre en poudre pour accompagner mon thé.

Le problème, c'est que je suis cantonné tout au fond du port, non pas avec les autres voiliers en partance, mais avec les petits bateaux de pêche locaux. Ça n'a aucune espèce d'importance en soi, ça m'arrange même, car mon bateau est bien planqué à l'abri des regards et des interrogations, mais ça me fait tout de même une sacrée trotte pour rejoindre la mer. J'aurais très bien pu trouver facilement un pêcheur pour me remorquer, mais ça m'aurait carrément fait mal quelque part de demander de l'aide.

Comme un fait exprès, le vent souffle habituellement à décorner un rhinocéros pile poil à l'entrée du port. Mais ce matin au réveil, c'est le calme plat, ce qui ne doit arriver qu'une fois par an. C'est sûrement un signe : c'est le moment d'y aller. Après une bonne demi-heure de godille, je déroule enfin la voile. « Libérée ! Délivrée ! » aurait beuglé la princesse à la voix qui fait mal aux oreilles. Le but du jeu : faire cap plein sud pendant cinq, six jours, pour ensuite bifurquer vers l'ouest en visant un point à la louche vers les Caraïbes ; c'est ce qu'on appelle la « route des Alizés ».

La première journée se passe sans problème, même pas un petit mal de mer comme ça m'arrive parfois, ça s'annonce bien. La nuit, le vent se renforce, je laisse l'île de Fuerteventura sur tribord ; ça remue et ça mouille beaucoup. Je m'enferme pour la nuit dans le bateau.

Au petit matin, j'ai un mal de crâne d'enfer, je ne vais pas bien du tout. Après avoir sorti la tête du capot, je me mets à vomir par-dessus bord. Comme je n'ai rien mangé la veille, il n'y a rien qui sort et ça fait sacrément mal au bide. Je ne sais pas ce que j'ai, je suis tout patraque ; je pense un moment faire route pendant qu'il en est encore temps sur l'île de Grande Canarie encore sur mon travers, mais une petite voix intérieure me dit qu'il n'en est pas question, on continue vaille que vaille et on ne revient surtout pas en arrière, quoi qu'il arrive !

Il me faut une bonne partie de la journée pour comprendre que je me fais doucement intoxiquer par mon propre gaz carbonique (et probablement aussi par d'autres gaz corporels) : les aérations du bateau sont visiblement insuffisantes. Il va falloir que je m'organise : je vais devoir soit sortir tous les quarts d'heure respirer de grandes bouffées d'air et des paquets de mer et rentrer ensuite faire de l'apnée pendant un nouveau quart d'heure, soit laisser le capot entrouvert et me faire arroser par les vagues toutes les cinq minutes. C'est l'option que je choisis, le reste du voyage risque d'être un peu humide !

Comme j'ai encore en mémoire la mésaventure du *Skrowl*, laisser le capot entrouvert m'angoisse un peu. Je trouve une solution en coinçant un bout de pince à linge dans l'ouverture et en fermant le capot avec un sandow. En cas de danger, ou si le bateau se couche, je peux tirer sur une ficelle et faire sauter la pince à linge – le sandow fermera alors immédiatement le capot. Ce dispositif instable me rassure mais me procure aussi quelques belles frayeurs : parfois, la pince à linge saute toute seule et le capot se referme d'un seul coup dans un grand clap, ce qui me fait bondir de peur chaque fois.

Qui plus est, ça secoue tellement que mon corps est sans arrêt projeté d'un bord à l'autre sur ma paillasse recouverte d'une sorte de nylon très solide mais aussi très abrasif. J'ai la peau comme passée au papier de verre et ça commence à faire mal. Il faut, là aussi, agir rapidement si je veux avoir encore de l'épiderme en arrivant. J'enfile un pantalon et un sweat-shirt pour me protéger, mais ça me fait crever de chaud. Je recouvre alors le matelas d'un bout de bâche plastique et amarre mon sac à vêtements sur un côté de la couchette pour m'empêcher de valdinguer partout. Ça fonctionne pas trop mal, même si la bâche colle un peu – ce n'est pas très agréable.

Au bout de trois jours de mer, je commence enfin à prendre mes marques et à régler un à un les petits problèmes du quotidien. Le vent est fort et le bateau avance comme un bolide en dévalant les vagues avec juste un tout petit bout de toile. Ça fait vraiment plaisir, mais le roulis est terrible, impossible de faire la moindre cuisine ; pas le choix, il va falloir manger froid. Je m'aperçois qu'il n'est même pas nécessaire de faire cuire les nouilles chinoises dans l'eau chaude, ça marche aussi très bien avec de l'eau froide ; idem pour infuser le thé, ça met juste un peu plus de temps.

J'essaie de mettre en route le tracker une fois par jour. Cette fois, je change les piles tous les quatre à cinq jours. Je me suis fait peu à peu à l'idée d'être surveillé. Ça fait plaisir à mes quelques potes et à ma famille de suivre ma navigation, et moi ça ne me coûte plus trop grâce à un travail sur moi-même. Mais j'ai quand même bien précisé avant mon départ qu'un manque de signal ne veut pas forcément dire que j'ai coulé corps et biens.

J'aime bien me retrouver seul en mer, ça me donne une impression de puissance, d'être une sorte de roi. Une chance, car les occasions de devenir roi ne sont pas si courantes dans la vie. Certes, je n'ai pas de guerres à mener, d'alliances à nouer, de complots à déjouer, ni à subir les assauts de tout un tas de sublimes courtisanes prêtes à tout pour arriver jusqu'à ma couchette. Mais faut pas croire non plus, roi d'un royaume de 4 mètres de long, c'est aussi du boulot ! Il faut tout de même régler la voile, regarder sa position sur la carte, indiquer le cap au pilote automatique, le graisser de temps en temps afin d'éviter qu'il ne braille comme un bébé tricératops affamé, préparer la bouffe, faire un peu de rangement et… et c'est à peu près tout ! Ça laisse aussi pas mal de temps pour faire plein d'autres trucs sympas. Je peux par exemple, si le temps le permet :

— lire ;
— contempler la mer ;
— écouter de la musique ;
— écouter des podcasts ;
— regarder des films ;
— faire des pompes ;
— écrire ;
— dessiner ;
— contempler la mer ;
— imaginer de nouveaux bateaux ;
— rêver à mes prochains projets à mon retour en France ;
— dormir ;
— penser à plein de choses ;
— penser à rien ;
— chanter et faire chier les goélands ;
— contempler la mer.

Bref, pour la majeure partie des gens normaux, être seul en mer sur un si petit bateau signifie s'emmerder sérieusement. Mais, au bout d'un certain temps, je ne vois presque plus les jours passer. J'ai l'impression de flotter sur le temps comme je flotte sur l'eau. Le temps ne se résume plus qu'à l'instant présent, le passé est loin dans le sillage et l'avenir absolument incertain. Peut-être qu'il ne se passera rien et que j'arriverai sans encombre à ma prochaine destination, peut-être aussi que je connaîtrai des tempêtes ou des fortunes de mer, que je subirai des attaques de monstres marins, de pirates sanguinaires ou de sirènes charmeuses. Arrivera ce qui arrivera. Je suis un roi, donc je lutterai jusqu'au bout, mais ce n'est pas la peine de se faire de la bile pour des choses qui n'arriveront peut-être pas.

Les seuls moments où la réalité me rattrape, c'est quand je croise un autre bateau. Même si c'est assez rare, ça arrive parfois. Quand la route de cet intrus ne coupe pas la mienne, ça ne me gêne qu'un tout petit peu. Je suis un roi magnanime, tout le monde a le droit de croiser sur mes flots même sans ma souveraine autorisation. Mais quand je dois dévier ma route, ça me contrarie énormément. Il me faut toujours un peu de temps pour admettre que, même étant roi, il est souvent de règle que c'est le plus petit bateau qui se range pour laisser passer les gros, ce qui me fait chaque fois ronchonner.

Le vent fort persiste au cours de toute la première semaine puis devient un peu plus maniable pendant une bonne quinzaine de jours, durant laquelle la navigation est un vrai régal. Le bateau marche tout seul comme un grand. Mais il faut éponger constamment l'intérieur pour le garder le plus sec possible à cause de ce fichu capot entrouvert. Ensuite, il faut me rincer tout le corps, le passer entièrement à l'eau de Cologne et me tartiner de crème hydratante et cicatrisante, de la simple graisse à traire utilisée pour les vaches dont l'efficacité tient du miracle. Je n'ai pas eu le moindre petit bobo cutané grâce à ce traitement de base deux fois par jour, malgré le fait d'avoir une peau très fragile et le corps pratiquement constamment en contact avec l'eau de mer.

Quand je peux enfin me faire un peu de cuisine, ça ne me motive pas plus que ça. Préparer à manger me gonfle en général, c'est plus une corvée qu'autre chose. D'ailleurs, vu le contenu de la cambuse, je ne risque pas de me faire des petits plats très élaborés. C'est vrai que la pêche pourrait être un bon moyen pour moi de varier un peu mes repas, de m'apporter de bonnes protéines bien fraîches et gratuites. D'après certains, il faudrait être un idiot congénital pour ne pas profiter de tous ces beaux poissons scintillants qui pullulent partout dans l'océan et qui ne demandent qu'à être attrapés ; pour beaucoup de gens, la pêche est même souvent la seule raison valable de s'aventurer en mer et d'avoir un bateau. Pourtant, je pêche rarement. Premièrement, aucun poisson ne m'a jamais rien fait, il n'y a pas de raison que je leur fasse du mal en retour. Excuse tout à fait bidon d'un garçon trop sensible n'ayant jamais eu besoin de trouver d'autres solutions pour se nourrir que de se rendre au supermarché du coin. Pour ajouter un peu de bêtise à mon raisonnement, en mer, je mange pratiquement tous les jours des poissons que d'autres ont pêchés pour moi, puis fait cuire et emballés dans de petites boîtes en ferraille bien pratiques. Mais probablement que la vraie raison qui fait de moi un piètre pêcheur est tout simplement que pêcher sur un minuscule voilier qui roule en permanence, c'est vraiment difficile et pas pratique du tout. Il faut s'imaginer qu'à bord on ne peut presque rien faire avec ses deux mains, car il en faut obligatoirement une pour se tenir quelque part. Remonter d'une seule main une ligne de traîne avec un poisson généralement plus gros qu'un bras, ce n'est vraiment pas évident. Et si le poisson est encore plus gros, il y a de fortes chances que je me fasse un remake du *Vieil Homme et la mer*, ce qui est un peu con aussi. Et même si j'arrivais, au bout de gros et longs efforts, à remonter un poisson jusqu'à ma minuscule plage arrière, les problèmes ne feraient alors que commencer. Il faudrait pouvoir le tuer et le découper, toujours d'une seule main, avec l'unique couteau du bord, un couteau suisse dont la lame fait à peine 7 centimètres de long ; ensuite, dans l'impossibilité de le faire cuire dans ma casserole pas beaucoup plus volumineuse qu'une grosse tasse à café, je ne pourrais évidemment manger cette pauvre bête que crue, et n'en avaler que l'équivalent d'une boîte de sardines, mon estomac étant habitué à se contenter de cette quantité suffisante à ma ration journalière. Le reste du poisson, ne pouvant pas être conservé sous les climats tropicaux sans frigo et pas vraiment séché non plus au soleil sur mon pont constamment aspergé par les vagues, devra être rejeté à la mer, ce qui fera le bonheur de ses copains mais me procurera aussi un gros sentiment de gâchis. Zigouiller un magnifique poisson uniquement pour en découper un tout petit morceau et ensuite balancer son cadavre à la mer, ça me gêne un peu. Les poissons, eux, de ce point de vue, ont beaucoup plus de sens pratique. Si jamais je devais tomber un jour par mégarde à l'eau, et y rester assez longtemps pour m'y noyer, pas un seul poisson au monde ne se posera ce genre de question existentielle à mon égard. Ils me boufferont immédiatement sans l'ombre d'une hésitation et sans laisser le moindre lambeau de chair sur ma pauvre carcasse, et ils auront bien raison.

Il m'est arrivé de rares fois de manger du poisson frais quand, au petit matin, je retrouvais quelques poissons volants sur mon pont. Je me faisais alors une petite marinade avec le jus de citron concentré que je mets habituellement dans mon thé. Mais il faut éviter d'avaler les ailes, qui restent souvent collées le long de la trachée, provoquant des raclements de gorge désagréables pendant plusieurs jours de suite. Il faut aussi avouer que le poisson volant mariné dans du jus de citron industriel, ce n'est pas très bon.

En général, contrairement à la majeure partie de mes congénères, manger tous les jours la même chose influe très peu sur mon moral, le seul plaisir qui m'est réellement indispensable en mer et qui me rend profondément joyeux est de sentir mon bateau monter et descendre indéfiniment les vagues et voir l'horizon reculer sans cesse. Manger ou boire de bonnes choses comme à terre ne me donne pas vraiment envie.

Dans l'ensemble, la suite de ma traversée se déroule sans trop d'embûches, mis à part un petit problème extrêmement étrange pour moi : *Baluchon* marche trop bien, tellement bien que j'en deviens un peu zinzin. Une part de moi n'arrête pas de calculer le jour de mon arrivée comme si j'avais l'intention de battre un record. Battre un record, ça n'a pas de sens ! J'ai conçu et construit ce bateau simplement pour me faire plaisir, je n'ai absolument rien à prouver à qui que ce soit, pourquoi ce comportement ?! Peut-être qu'au fond de moi j'ai envie de montrer aux autres que mon bateau n'est pas aussi ridicule qu'il en a l'air. J'espère sans doute une sorte de reconnaissance. Je trouve ça nul, mais ça n'arrête pas de me turlupiner. Tu parles d'un solitaire !

Ce problème aurait très bien pu n'être qu'un problème mineur si, au bout d'une vingtaine de jours de quasi-extase, le vent n'avait pas viré au sud, puis commencé à faiblir petit à petit jusqu'à devenir nul. La mer devient alors aussi plate qu'un miroir et mon brave petit *Baluchon* reste scotché pendant près d'une journée entière sous une chaleur infernale. C'est là que je prends conscience que quelque chose cloche. La partie de moi qui n'arrêtait pas de compter les milles se met à disjoncter. Dans mon délire, je m'imagine que le vent ne reviendra plus jamais, que je vais rester planté là pendant des mois et que la terre entière constatera que ce drôle de bateau n'est rien d'autre qu'une vulgaire baignoire peinte en rouge. J'ai beau me raisonner en me disant que tout ça n'a pas d'importance, je reste contrarié. Malgré une petite nage autour du bateau et une bonne plâtée de nouilles à la sauce tomate, rien n'y fait (à ce moment-là, j'ai furieusement envie d'un œuf sur le plat avec du bacon et une tartine de pain frais).

La nuit suivante, le vent se lève timidement au sud-ouest, ce qui m'oblige à rectifier mon cap, prévu sur la Martinique, vers la Guadeloupe : 40 milles dans la journée au près serré, c'est déjà ça. Ça me remonte un peu le moral. Puis le vent vire au sud en se renforçant un petit peu ; je rencontre pas mal de grains et le ciel est de plus en plus sombre. Pendant tout l'après-midi, la pluie tombe en déluge. Par moments, le ciel devient tellement noir que les panneaux solaires ne produisent plus d'électricité. Je suis obligé de couper tous les circuits, y compris le feu de navigation, pour laisser un peu de jus au pilote automatique. Puis le vent d'est revient enfin, *Baluchon* reprend sa route pleine balle, mon moral remonte, j'ai perdu toute notion de vitesse et de record à la con, il n'y a plus que du plaisir pur, tout ce qui compte finalement !

Dans la matinée du vingt-neuvième jour, après un peu plus de 3 000 milles parcourus, j'aperçois une tache sombre sur l'horizon, l'île de la Désirade, puis, dans l'après-midi, la Guadeloupe. Je suis bien content et très fier de mon petit bateau : sa vitesse moyenne a été d'un peu plus de 4 nœuds, soit 105 milles par jour, malgré une journée de pétole et un peu de vent contraire, ce qui n'est pas si mal pour un bateau de cette taille. Tout s'annonce bien pour la suite.

La Guadeloupe

Quand j'arrive à la pointe des Châteaux, la pointe la plus à l'est de l'île, c'est le début de la nuit ; Pointe-à-Pitre est encore à une vingtaine de milles. Comme j'en ai un peu marre de cette traversée et que la côte est parsemée de bouées de pêcheur difficiles à apercevoir en pleine nuit, je décide de rentrer dans le lagon de Saint-François, où le mouillage ne me paraît pas trop mal. Mais dès que je franchis la passe en surfant sur une longue vague en serrant un peu les fesses, je comprends mon erreur : l'alizé assez soutenu est pile dans l'axe de la passe, ça risque de ne pas être de la tarte pour ressortir d'ici. Je m'engueule intérieurement. La règle numéro un quand on navigue uniquement à la voile est de ne rentrer que dans les endroits d'où l'on peut sortir facilement si le temps se gâte. Or là, ce n'est vraiment pas le cas. Mais avec la fatigue et l'euphorie d'être arrivé, je remets ce problème au lendemain. Je jette l'ancre au beau milieu de gros catamarans, ces sortes de studios flottants qui deviennent peu à peu la norme chez les plaisanciers.

Pendant un petit moment, j'ai l'envie de descendre à terre pour m'offrir un bon steak frites, mais l'idée de nager jusqu'à la plage en pleine nuit me refroidit. J'attaque un de mes derniers paquets de nouilles chinoises accompagné de sauce tomate concentrée. Je ne sais pas si c'est le fait d'être arrivé à terre, mais je trouve le dîner carrément dégueulasse, il faut vraiment que j'améliore le niveau de ma cuisine.

Le lendemain matin, je découvre le paysage. C'est assez charmant, l'eau est bleu turquoise, le sable est blanc et les cocotiers ondulent sous les alizés, ça fait très carte postale. Tout de suite, mes yeux portent vers la passe où entrent et sortent des bateaux pour touristes et des saintoises (de petits bateaux de pêche rapides locaux). Mais comment je vais sortir d'ici sans moteur, moi ? Il y a bien une deuxième fausse passe un peu écartée du vent qui souffle à plus de 25 nœuds, mais ma carte indique une profondeur de 70 centimètres : ça doit être possible de sortir à marée haute, mais je n'ai pas les horaires et ça a l'air un peu chaud de louvoyer par là sans connaître parfaitement l'emplacement des patates de corail, surtout par un vent pareil.

Un dinghy à moteur me propose d'aller à terre, c'est pas de refus. Je me précipite dans le premier café venu avec du wifi pour signaler mon arrivée. Je ne sais pas du tout si le tracker a bien fonctionné cette fois-ci, et je n'ai vraiment pas envie de déclencher à nouveau des recherches inappropriées. Apparemment, ça a bien marché, j'ai même quelques commentaires sur ma page Facebook, que je ne peux malheureusement pas tous lire : j'ai à peine le temps de poster un « Bien arrivé en Guadeloupe » que la batterie de mon smartphone, que j'avais oublié de recharger, crache ses derniers volts.

Quand la serveuse me donne la note pour le café que j'ai pris pour avoir accès à Internet, je suis pris d'une quinte de toux : mais c'est hyper cher ! La vie aux Antilles n'est pas donnée et Saint-François est une sorte de piège à touristes où tout est hors de prix. Décidément, j'ai mal choisi mon endroit pour atterrir. Un coup d'œil à la carte des restaurants des alentours me fait définitivement passer l'envie d'un steak. Je dépense le reste de mon argent liquide dans un supermarché pour m'acheter un yaourt à boire et quelques bananes.

Quand je retourne sur *Baluchon* en dinghy-stop, je ne suis pas très à l'aise, je sens bien que je ne suis pas du tout à l'endroit qu'il me faut pour remettre pied à terre. Je décide de préparer une amarre de remorquage et de héler le premier bateau motorisé qui passera à ma hauteur. Encore une fois, ça me gêne de demander de l'aide, mais il faut quand même sortir de cette souricière rapidement. À ce moment arrive un nageur près de mon bord : il est interloqué par mon drôle de rafiot, c'est un érudit qui connaît absolument tout ce qui concerne les bateaux. On papote une bonne partie de la journée. Finalement, c'est pas si mal, ici. Mon nouveau copain me conseille de rester et m'indique un mouillage plus adapté pour mon mini-bateau. « On est bien mieux ici qu'à Pointe-à-Pitre, où il fait chaud et où ça grouille de cafards ! »

Je reste plusieurs jours à Saint-François, même si ce n'est pas vraiment pratique pour moi, car il faut aller à terre à la nage pour se ravitailler en eau et en nourriture. Mais cette escale prolongée me permet de trouver un moyen de sortir du lagon par mes propres moyens. Grâce à un petit passage, j'accède au port de pêche, celui qu'empruntent les saintoises qui traversent le lagon. Il y a juste un petit problème : une passerelle enjambe ce petit bras de mer avec seulement trois mètres de tirant d'air. Mais le vent est bien orienté pour moi, je décide de passer sous le pont en démâtant. Démâter, c'est super facile sur *Baluchon*, le mât ne pèse que 7 kilos ; c'est un jeu d'enfant, l'opération ne prend que quelques secondes. Je passe sous le pont à la godille, pour remâter aussitôt après. Mon pote le nageur m'accompagne pour cette courte traversée jusqu'à Pointe-à-Pitre. C'est un peu limite d'être à deux sur *Baluchon*, mais notre bonne humeur et notre passion commune pour les bateaux nous permettent d'apprécier le trajet.

L'accueil à la marina Bas-du-Fort à Pointe-à-Pitre est un peu froid. L'employé, qui ne doit pas être dans un bon jour, m'apprend sèchement qu'il faut appeler bien à l'avance pour avoir une place. J'imagine qu'il pense que je suis arrivé avec mon annexe et que j'ai un bateau plus grand qui m'attend quelque part au mouillage. Finalement, après quelques hésitations et devant le petit attroupement de curieux qui commence à se former autour de *Baluchon*, il me concède une place sur un ponton réservé aux petits bateaux à moteur locaux et bien à l'abri des regards. Le tarif est tout à fait correct pour ma bourse, je ne suis pas mal tombé, je n'ai plus qu'à me préparer pour la suite de mon voyage.

Généralement, je n'aime pas trop les escales, même avec des paysages magnifiques. Je me trouve rarement à l'aise sur la terre ferme. En plus, j'y sens mon bateau malheureux, ficelé à un quai ou à un ponton, ou attaché à sa chaîne d'ancre comme un vulgaire clébard. Contrairement aux grandes chevauchées du large, les escales m'ennuient. Enfin... m'ennuyaient, car ce premier arrêt m'a permis de commencer un processus assez étrange pour moi : la fissuration progressive de la coquille dans laquelle j'étais enfermé depuis très très longtemps.

Même si j'avais un peu bourlingué auparavant à bord de mon ancien bateau, *Little Bigorneau*, un antique voilier géant en bois de 9 mètres de long qui pourrissait plus vite que je ne pouvais le réparer, je n'avais jusqu'à présent jamais su nouer ou apprécier sincèrement les rencontres que l'on fait généralement en voyageant. Mais à partir de cette escale en Guadeloupe, grâce à mon *Baluchon*, j'ai commencé, sans le vouloir vraiment, à communiquer. Tout plein de gens sont spontanément venus vers moi en s'interrogeant : mais qui est ce type sur ce drôle de bateau ? Et moi, je me demandais pourquoi ça les interrogeait.

J'admire profondément les dingues, ceux qui traversent l'Atlantique régulièrement sur toutes sortes d'embarcations bizarres, du tonneau au pédalo, mais dans mon esprit je n'en faisais pas vraiment partie. Mon voyage, jusqu'ici, m'avait paru relativement facile et mon bateau ne me semblait pas trop différent des voiliers qui arrivent chaque année par centaines aux Caraïbes, il était juste un peu plus petit. Mais *Baluchon* paraissait tellement atypique aux yeux des autres, et a provoqué tellement de curiosité, que je suis passé quasiment d'un coup du type solitaire, complètement anonyme, avec le charisme d'une boîte de conserve vide, à un mec à peu près normal, capable de se faire quelques potes sans trop de difficultés. En deux mois d'escale, je vais faire pratiquement plus de connaissances amicales qu'au cours des trente années précédentes (et ce n'était que le début, ce phénomène allait, par la suite du voyage, s'amplifier, mais ça, je n'en avais pas encore conscience du tout).

Chaque fois que quelqu'un passe devant *Baluchon*, ça se déroule à peu près comme ça :

« Salut !

— Salut !

— Dites donc, il est étrange, votre bateau. (Traduction pour moi : Il a vraiment une sale gueule…)

— Oh, du moment que ça flotte…

— Et vous comptez aller où avec ? (C'est vrai que *Baluchon* paraît encore tout rutilant, comme s'il sortait de l'atelier, on a du mal à croire à première vue qu'il vient de traverser l'Atlantique, d'autant que je n'ai pas d'autocollants de sponsors sur ma coque et qu'aucun média n'a parlé de mon aventure.)

— Vers le Pacifique, si tout va bien.

— Avec ça ?! (Traduction : Pauvre garçon, encore un qui a perdu la raison !)

— Ben, en y allant doucement, ça devrait le faire.

— Ha, ha, ha ! Si vous le dites. (Traduction : C'est sûr, ce type est complètement givré.) Mais vous avez fait des essais en mer, quand même ?

— Oui, j'arrive du Portugal avec.

— Noooon ! (Traduction : Méfions-nous, nous avons peut-être affaire à un mythomane.) Mais pourquoi vous n'avez pas d'étrave ?

— Heu, ça sert à rien, les étraves.

— Haaa ! Eh mais dites donc, vous n'avez pas de haubans pour tenir votre mât ?

— Des haubans ? Non, ça sert à rien.

— Mais vous n'avez pas de bôme non plus ?

— Non, ça sert à rien, les bômes.

— Mais vous avez un moteur, tout de même ?

— Heu non, ça s…

— OK, OK, j'ai compris. »

Je sors alors de ma réserve pour expliquer le pourquoi de mon étrave, de l'absence de haubans, de bôme et de tout le tralala ; à ma grande surprise, je deviens un vrai moulin à paroles dès qu'il faut parler de mon *Baluchon*. Mon discours doit convaincre un petit peu et je ne dois pas paraître aussi distant que je me l'imaginais, car en général la discussion se prolonge et souvent je suis ensuite invité à prendre un café ou un verre.

Faire des rencontres, finalement, c'est très agréable. Bien qu'au fond de moi j'aie le sentiment de tricher un peu : les autres ne sont pas attirés par moi mais par *Baluchon*, c'est lui finalement la star. Il est tout simplement devenu mon passeport, le moyen pour moi d'apprendre à nouer des liens, ce qui va petit à petit me libérer de ma vieille copine : la solitude.

Je me rappelle parfaitement le jour où j'ai quitté le monde des gens, je devais avoir dans les 8 ans. C'était la première fois que je rapportais un bulletin de notes à la maison. Sur le coup, je n'y avais pas accordé une grande importance, mais ce bulletin allait à tout jamais changer ma vie. Pour une raison qui m'est totalement inconnue, mes parents, d'origine modeste et très complexés par leur niveau social, avaient décidé bien avant ma naissance que je deviendrais un génie, que je ferais de grandes études pour qu'ensuite, une fois adulte, je puisse exercer un métier nécessitant d'avoir le cul sur une chaise dans un costume de grande personne. Ce fameux jour du bulletin, donc, j'étais assis en tailleur à regarder hypnotiquement une émission de télé idiote pour enfants où un dinosaure orange, obèse et parlant du nez racontait des trucs bien marrants. Mon bulletin, qui n'était pas vraiment nul mais pas spécialement brillant pour autant, n'avait pas franchement satisfait mes géniteurs, qui, pour faire de moi un premier de la classe, décidèrent de me mettre un bon coup de pression. Dorénavant, c'en était fini des émissions avec des dinosaures et des robots japonais, des tours de vélo avec les autres gosses du quartier et de s'amuser. Était venue l'ère de l'austérité, il allait falloir maintenant bosser, bosser, bosser jusqu'à devenir le premier de la classe, quitte à recevoir des coups et des punitions. Devenir un élève brillant était devenu tout à coup une histoire de vie ou de mort.

C'est vrai qu'à la grande inquiétude de mes vieux je n'ai jamais été une flèche. Un peu lent, rêveur et beaucoup trop sensible… La pression constante qu'ils ont exercée, bien évidemment pour mon bien, ne s'est pas vraiment révélée efficace. À partir de ce jour, je n'ai plus rapporté un seul bulletin de notes correct à la maison : d'élève moyen, je suis passé dernier de la classe. J'étais devenu tellement stressé que je pouvais rester prostré sur les bancs de l'école pendant des heures, exactement comme un robot qui aurait eu un court-jus ; je me sentais comme un miniponey à qui on aurait imposé de gagner le tiercé. La situation était devenue infernale, la peur de partir le matin pour l'école paralysait mon corps et mon cerveau, tout comme le fait de rentrer le soir à la maison, où mes parents, pris par leurs problèmes d'adultes, ne s'exprimaient que par des hurlements effroyables, ce qui m'angoissait encore plus. Même les vacances scolaires n'étaient pas source de répit. Il fallait se taper les interminables devoirs de vacances, et rien que la perspective de la rentrée me mettait dans un état de panique épouvantable. Plusieurs fois par jour, je me demandais pourquoi tous les autres enfants autour de moi continuaient à jouer et à rigoler alors que franchement la vie ne valait vraiment pas la peine d'être vécue. Bref, ce n'était pas la grosse marrade. Déjà que je n'avais jamais été un Jojo le rigolo auparavant, là, ça frôlait carrément la déprime carabinée.

Dans mes souvenirs, je suis resté dans cet état de stress quasi permanent pendant une ou deux années scolaires.

Ensuite, j'ai trouvé une sorte de parade originale pour me tirer de la réalité. Coup de chance pour moi, ma chambre disposait d'un placard, où je me suis probablement réfugié un jour de grosse pression pour m'y cacher. Je m'y suis tout de suite senti mieux, à l'abri du monde et en sécurité. J'ai passé des heures et des heures, parfois des nuits entières, et durant des années, enfermé volontairement dans ce placard, ce qui me permettait de me ressourcer et de faire le point.

Il fallait se rendre à l'évidence, ma situation ne pouvait pas s'améliorer. J'étais vraiment bête à bouffer du varech. Malgré mes efforts, je ne captais absolument rien de ce qu'on essayait de m'inculquer en classe, et j'étais bien trop couard pour tenter une fugue. Et fuguer pour aller où, d'ailleurs ? La seule solution pour moi était de prendre mon mal en patience et d'attendre sagement l'âge où je pourrais enfin me libérer, où je n'aurais plus aucun compte à rendre à personne.

Comme le temps est toujours une notion subjective, ces années d'attente m'ont paru interminables. Pour tromper le temps, je me suis mis à rêver des heures durant à ce que serait ma vie de quand je serais grand. Je rêvais que je survolais le monde sur un deltaplane de ma conception, que je parcourais de grandes plaines à cheval, que j'élevais quelques chèvres au sommet de montagnes lointaines, que je me baladais en canoë sur des fleuves inconnus ou que j'explorais la banquise sur un traîneau tiré par des chiens. J'étais impatient ! Ma vie de quand je serais grand s'annonçait des plus cool et des plus passionnante. (Inutile de préciser qu'aucun de mes rêves ne nécessitait de faire de longues études.)

Le fait de me replier sur moi-même a peut-être atténué un peu ma phobie de l'école, mais cela a provoqué aussi des effets secondaires assez lourds. À partir de cette époque, je n'ai pratiquement plus eu aucun ami, je me suis éloigné de mon frère et ma sœur, qui étaient devenus pour moi presque des étrangers. Je me tenais constamment voûté, voire plié en deux ; le fait de parler à un inconnu me foutait une trouille bleue et rien que de croiser une fille à moins de dix mètres me faisait devenir écarlate et me brûlait littéralement le visage.

À la fin du collège, mes résultats scolaires étaient si mauvais qu'il n'était même pas question d'envisager ne serait-ce qu'un bac au rabais, la seule solution était de m'orienter vers un cycle professionnel court. J'avais, je pense, de bonnes aptitudes pour apprendre un métier manuel, mais avec toutes les désillusions et les espoirs déçus que j'avais infligés sans le vouloir à mes parents, qui auraient tant voulu que je sois un intello, cette option n'était pas envisageable tant qu'il restait une chance de faire de moi un employé de bureau. Comme je n'étais pas mauvais non plus en dessin, l'idée de devenir dessinateur en bâtiment s'est présentée. Mais là encore, mes résultats étaient bien trop nuls. Il restait cependant une place dans un lycée professionnel pour devenir métreur, une sorte de comptable du bâtiment, un drôle de métier qui consistait à calculer le nombre de parpaings et de rouleaux de papier peint nécessaires à la construction d'une maison. Un boulot pas du tout passionnant demandant de la rigueur et de la concentration, deux qualités que je ne possédais pas vraiment.

Pourtant, l'entrée dans ce lycée a tout de même marqué de vrais changements. Car il se trouvait loin de la maison, je devais donc être en internat. Et, point capital, ce lycée se situait dans une petite ville côtière où il y avait un port de plaisance et une bibliothèque municipale bien fournie. C'est là que j'ai découvert les récits de tous les grands navigateurs solitaires, qui sont devenus pour moi de véritables héros. J'ai dévoré à maintes reprises les livres de Slocum, Pidgeon, Gerbault, Le Toumelin, Dumas, Bardiaux, Auboiroux, Moitessier, et surtout, mon préféré, Tristan Jones, que j'ai lu au moins quarante fois par la suite. Ça me donnait chaque fois des frissons. Je rêvais tellement d'être à leur place ! Ces lectures ont été une véritable révélation : on pouvait parcourir le monde en totale liberté uniquement poussé par le vent ! L'idée m'a paru extraordinaire et magnifique. Voilà un truc qui était fait pour moi ! Je me sentais bien incapable d'avoir une vie sociale, et ça ne m'intéressait pas vraiment ; naviguer est alors devenu nécessaire et le reste totalement inutile. Pendant que les autres élèves enchaînaient les parties de flipper et de baby-foot durant leur temps libre, j'arpentais le port et les pontons dans tous les sens en rêvant de mon départ prochain vers des mers lointaines.

En cumulant lectures et observations, j'ai appris petit à petit la théorie et le vocabulaire se rapportant aux bateaux à voile ; il ne restait plus qu'à me mettre à la pratique, ce qui, dans mon enthousiasme, me semblait n'être qu'une formalité. C'est à cette période que j'ai commencé à noircir des quantités astronomiques de carnets avec des dessins de centaines de bateaux plus ou moins loufoques, sur lesquels je comptais partir naviguer autour du monde.

À partir de cette époque bénie, les portes de ma vie d'adulte commencèrent à s'entrouvrir. Dorénavant, mon seul et unique but dans la vie sera de tout mettre en œuvre pour posséder un jour mon propre voilier, parcourir les mers sans entrave et devenir le seul maître de moi-même.

Traversée Guadeloupe-Panamá, février 2020

Après plus de deux mois d'escale en Guadeloupe, je me suis un peu ramolli du bulbe. Il faut décoller d'ici coûte que coûte, sinon il y a un risque certain de s'encroûter, de prendre racine et de devenir un vieux gâteux ressassant.

Ce séjour a été bien sympathique et amusant. J'ai même pu faire l'avitaillement complet avec de la bonne nourriture : la marina grouille de catamarans de location, et tous les vendredis les restes de bouffe non utilisés sont directement balancés à la poubelle, il n'y a qu'à se servir. Je fais mon stock de plats cuisinés, de boîtes de conserve, de biscuits, de bonbons et de chocolats gratuitement, ça va changer de mes sardines et de mes nouilles de la transat. J'ai même trouvé une minipoêle presque neuve ! Dans mon délire, je m'imagine que je vais me mettre à faire un peu de cuisine (ce que j'ai fait dans la marina, mais, dans le roulis continuel de *Baluchon*, l'utilisation en mer de la poêle se révélera tout à fait instable et dangereuse sur mon minuscule camping-gaz).

Le ciel est bas, gris et triste, on se croirait un week-end de Toussaint en Bretagne (température mise à part).

À peine une heure après être sorti du port, je me fais surprendre par un méchant grain. Je l'avais pourtant bien vu venir, le saligaud ! J'avais réduit la voilure à juste un tout petit triangle, mais paf ! je me fais coucher violemment sous un déluge de pluie, à deux pas d'un récif dangereux, entouré de casiers de pêche et enfermé à l'intérieur du bateau, où il fait une chaleur insupportable (malgré les nouvelles aérations que j'ai bricolées pendant l'escale). J'ai même un début de mal de mer, ça commence bien !

Ça m'a rappelé tout à coup qu'en fait je n'aime pas trop la navigation côtière… Mais une fois le chenal entre les Saintes et la Guadeloupe passé, tout s'arrange. L'alizé souffle juste ce qu'il faut, et le lendemain de mon départ la Guadeloupe n'est plus qu'un petit nuage noir loin derrière, le ciel est maintenant tout bleu et la mer belle.

À partir de ce point, je n'ai jamais été aussi loin vers l'ouest sur mon propre bateau, je suis tout excité, mais également assez anxieux. Pendant cette escale en Guadeloupe, le principal sujet de conversation des marins en partance vers l'ouest concernait la traversée de la mer des Caraïbes, et notamment le passage de cette partie nord de la Colombie surnommée le « cap Horn des Antilles ». Le vent y souffle en tempête plus de deux cents jours par an, levant une mer démontée et dangereuse. Bizarrement, dans ces récits, le nombre de naufrages, la hauteur des vagues et la force du vent augmentaient à chaque nouveau verre de rhum. J'ai eu beau essayer de ne pas faire cas de toutes ces horribles histoires, petit à petit, la traversée de la mer des Caraïbes m'est apparue de plus en plus dangereuse, à tel point que j'en ai fait des cauchemars. Chaque jour, j'ai étudié les cartes météo sur Internet et observé une grande zone de couleur rouge cramoisi indiquant du vent à plus de 50 nœuds au large de la Colombie.

N'importe qui possédant un minimum de bon sens aurait immédiatement trouvé la parade, mais, obnubilé par tous les racontars de mes copains navigateurs de comptoir, j'ai mis un temps fou pour trouver la solution, qui était de tirer un long bord vers la Jamaïque pour ensuite bifurquer direct vers Panamá. Même si ça rallongeait un peu ma route, ça me permettait d'éviter cette fameuse zone de mauvais temps, assez localisée finalement. Grâce à cette stratégie, et sûrement aussi grâce à un peu de chance, cette traversée n'est qu'une croisière de demoiselles. Je passe mon temps à dessiner de petits bateaux et à lire ; la seule difficulté est de finir le Kafka que j'avais commencé pendant la transat – c'est ennuyeux et chiant comme l'Himalaya, ce truc. Je me fais ensuite deux Houellebecq, très cyniques mais quand même très drôles, mais les Houellebecq, c'est comme les gâteaux à la crème, deux de suite ça devient écœurant. Je termine la traversée par un bon Jorn Riel suivi d'un polar d'Ed McBain. Grâce à la technologie, pas besoin d'une bibliothèque lourde et encombrante à bord, une simple liseuse et une petite clé USB permettent d'emporter une quantité incroyable de livres, ce qui augmente encore plus le plaisir d'être en mer.

Un jour, alors que je scrutais l'infini de l'océan, j'aperçois juste devant l'étrave un bocal de Nescafé en verre flottant sur l'eau. La mer est d'un calme parfait et le bocal passe juste à portée de main ; je réussis à l'attraper en me penchant par-dessus bord. Ça doit faire un certain temps déjà qu'il doit dériver, car quatre gros coquillages en forme de doigt ont poussé en dessous.

Sur le coup, je suis assez fier de moi : à mon échelle, je vais participer à la dépollution de l'océan en rapportant ce déchet à terre. Mais après vérification, l'intérieur du bocal ne contient pas du café soluble comme on aurait pu logiquement s'y attendre mais un sachet de je ne sais quoi, qui après ouverture s'est révélé être du cannabis. Pendant plusieurs heures, je me suis demandé comment un tel bocal avait pu se retrouver ici au beau milieu de la mer des Caraïbes transformée en passeuse de produits stupéfiants. Après réflexion, voici le scénario le plus plausible qui m'est venu à l'esprit : un skipper un peu psychorigide et très tendu (ça se croise quelquefois, je suppose) a dû, un beau jour, prendre sur le fait un équipier en dilettante très détendu (ça se croise très très souvent aussi), qui pour se détendre encore plus avait emporté avec lui un bocal rempli d'herbe. Alors que l'équipier détendu se faisait un gros pétard bien tranquille pendant son quart, le skipper psychorigide l'a découvert, s'est mis en colère et a balancé par-dessus bord le joli bocal qui accompagnait l'équipier depuis de nombreuses années. « Je ne veux pas d'un drogué à mon bord ! » se serait-il exclamé. Très énervé, l'équipier a vu rouge et s'est d'un seul coup senti très tendu. L'équipier et le skipper en sont rapidement venus aux mains. Le skipper, plus âgé, a chuté, s'est fracassé le crâne en tombant dans la descente et est mort sur le coup. La femme du skipper, qui avait la double particularité d'être une vraie nunuche dotée du physique aux proportions harmonieuses d'une bouteille de butane, s'est alors mise à pousser des hurlements si stridents que l'équipier n'a pas eu d'autre choix que de la buter à son tour. Devant le fait accompli, le malheureux a été contraint de dépecer les corps à coups de machette afin de distribuer les carcasses aux requins, avant de mettre le cap sur Haïti, où il a malheureusement été capturé par un gang de rappeurs vaudous, qui l'ont transformé en zombie avant de le vendre à une plantation de guimauve appartenant à la mafia ougandaise, où il travaillera dorénavant comme esclave pendant le restant de ses jours.

En comprenant ça, je me suis évidemment mis à avoir très peur des conséquences d'avoir un truc pareil à bord, du coup j'ai balancé toute l'herbe par-dessus bord et coulé le bocal en espérant ne pas être inquiété par les rappeurs vaudous et la mafia ougandaise. Je l'ai encore une fois échappé belle !

Mis à part cet épisode tragique, le reste de la croisière est vraiment calme et sans histoire jusqu'à l'approche de la côte panaméenne, où des dizaines de cargos (alors que je n'en avais aperçu qu'un seul durant la traversée) apparaissent de partout, m'empêchant de dormir et m'obligeant à slalomer constamment pour éviter les collisions, ce qui m'a rappelé tout à coup une nouvelle fois qu'en fait je n'aime pas trop la navigation côtière.

Arrivée à la marina de Shelter Bay sans problème, avec une manœuvre d'accostage à la voile sous les yeux médusés d'un des employés du port.

Panamá, mars 2020

À première vue, la marina de Shelter Bay, avec ses pontons bien propres, sa pelouse parfaitement entretenue, son bar charmant, un hôtel et même une piscine, ressemble à s'y méprendre à un véritable petit coin de paradis. Je suis bien content d'y être arrivé. Jusqu'au moment d'entrer dans la capitainerie, où l'on m'annonce le tarif exorbitant qui me fait presque tomber par terre, un prix complètement dingue de quasiment 30 dollars par jour (la facturation commence à partir de 30 pieds de long pour les bateaux alors que mon *Baluchon* n'en fait que 13). Ça me file immédiatement un sacré coup au moral. J'essaie tout de même de négocier mon cas avec la dame de l'accueil en expliquant que mon bateau n'est pas plus grand qu'un dinghy, mais rien n'y fait, je dois cracher mes dollars. Même les services d'immigration me demandent des billets pour tamponner mes papiers d'arrivée. On doit sûrement me prendre pour un Américain sur son gros yacht !

Encore une fois, les gens viennent spontanément à ma rencontre, je commence à m'y habituer. De très loin,

Baluchon est le bateau le plus photographié de la marina. Même si je ne cause pas un mot d'espagnol, beaucoup de passants s'arrêtent en me demandant d'où je viens avec ce drôle de bateau. J'aime bien voir leurs têtes quand je leur dis que j'arrive de France, mais je perçois bien dans le regard de certains qu'ils pensent que je ne suis qu'un bon gros baratineur : « Sur un si petit bateau ? Mais ce n'est pas possible ! » Ça me fait chaque fois bien rigoler. Et puis je suis invité à manger sur la quasi-totalité des bateaux français ; là ça me gêne un peu plus, car je ne peux évidemment pas rendre l'invitation – j'ai un peu le sentiment de jouer les pique-assiette.

Mais toute bonne chose doit bien avoir une fin : les tarifs extrêmes de la marina n'étant pas vraiment en rapport avec la caisse du bord, il faut trouver très rapidement un moyen pour passer sur la côte pacifique. Emprunter le canal comme tout le monde n'est pas vraiment envisageable, pour plusieurs raisons : premièrement, il faut impérativement quatre personnes à bord pour s'occuper des aussières pendant le passage des écluses, plus un pilote officiel, plus le capitaine (moi), soit un total de six personnes, ce qui fait un peu beaucoup de monde pour mon pauvre petit *Baluchon.* Deuxièmement, il faut aussi avoir un moteur qui puisse impérativement faire avancer le bateau à plus de 5 nœuds. (C'est ballot, je n'ai pas de moteur !) Mais aussi, et surtout, il faut disposer de près de 2 000 dollars pour payer le droit de passage. Cela fait tout de même pas mal de contraintes pour un si petit bateau.

En quelques jours, j'arrive à dégoter un propriétaire de pick-up possédant aussi une remorque et qui, contre 500 dollars plus 200 pour la sortie de l'eau à l'aide du *fenwick* du port, accepte de transporter mon bateau sur les 80 kilomètres de l'isthme. Ça me paraît assez cher par rapport au niveau de vie local, mais le gars a bien flairé que j'étais pressé, j'ai donc topé là, affaire conclue ! La traversée de l'isthme par la route est un peu stressante, car la remorque est hors d'âge et rafistolée de partout. Un des pneus est complètement à plat, ce qui n'est pas vraiment adapté à l'état complètement pourri de la route. Le chauffeur, qui ne décrochera pas un mot pendant tout le trajet, garde un flegme totalement inhabituel pour le coin, où tout le monde braille et rigole en permanence. L'autoradio hurle une sorte de musique latino déprimante.

Pour la mise à l'eau côté Pacifique, c'est assez radical. Mon chauffeur tout calme jusqu'à présent se met à reculer à toute vitesse sur la cale de mise à l'eau. En moins de deux, la remorque se retrouve entièrement dans l'eau mais aussi presque la moitié du pick-up… (Je ne sais pas trop si c'est recommandé de faire prendre un bain de mer à une voiture, même si c'est une Toyota…) *Baluchon* rejoint enfin son élément, aidé par ma godille en guise de perche pour le décoincer de la remorque.

C'est marée haute, avec un gros coefficient ; il y a plus de 2 nœuds de courant, qui m'emmène tranquillement vers le mouillage de Balboa, situé à 3 milles en aval. J'évite quand même soigneusement de passer les bouées du chenal, où un ballet incessant de remorqueurs et de cargos passe dans tous les sens. Je passe tranquillement sous un méga grand pont, le pont Pacifique, qui marque l'entrée de l'océan du même nom. Je suis tout excité : ça y est, j'y suis presque !

J'aperçois des voiliers au mouillage, c'est là que je compte passer la nuit. Tout à coup, une vedette rapide de police arrive pleine balle vers moi, un flic me gueule un truc en espagnol que je ne comprends pas. Je fais alors ce que je sais le mieux faire dans la vie : le benêt innocent (je suis tellement doué pour cet exercice que je dois avoir de réelles prédispositions). Ça marche très souvent, mais là ça énerve visiblement l'autre policier, qui me hurle en anglais de prendre ma VHF.

« Ma quoi ?! Mais j'ai pas de trucs comme ça à bord !

— C'est obligatoire dans le canal ! »

Je me dis que le coup du benêt, ça va pas trop marcher cette fois. En fait, j'ai bien une VHF portable au fond de mon sac de sécurité, mais la batterie est naze. Je sors quand même l'engin et montre que j'en ai bien une, tout comme les autres vrais bateaux. Je fais même semblant d'écouter dedans pour faire le marin sérieux. Ça a l'air de calmer un peu les deux flics. Ils me demandent d'où je viens et où je vais comme ça. Je le leur explique en utilisant mon plus mauvais anglais, plus mauvais que mon meilleur anglais, qui n'est vraiment pas terrible, tout en continuant tranquillement ma route à la barre, poussé par le courant. Le mouillage n'est plus qu'à 200 mètres. Un des deux flics, qui pourrait facilement jouer le rôle du méchant dans une série américaine tellement il a l'air caricatural, me demande mon passeport ; je le lui donne. Le mouillage n'est plus qu'à 150 mètres. Les deux lascars l'étudient en le tournant dans tous les sens, je leur souris niaisement.

« OK, stoppez votre moteur !

— Hey, mais j'ai pas de moteur ! »

Les mecs ouvrent des gueules pas possibles. L'un d'eux hurle : « C'est obligatoire d'avoir un moteur dans le canal ! »

Le mouillage n'est plus qu'à 100 mètres, la vedette m'accoste sans ménagement. Les flics me prennent les amarres, c'est un peu brutal. Sur le moment, je pense naïvement qu'ils vont me remorquer sur une des bouées de mouillage toutes proches, sympa quand même ! Pas de chance, c'est pas du tout ça, la vedette, avec *Baluchon* à couple, démarre en trombe et fait demi-tour. Mon pauvre Baluche rebondit sur la coque, les amarres couinent. Nous rejoignons à toute vitesse une zone militaire située sur l'autre rive. Sur le trajet, les gars me redemandent encore trois ou quatre fois mon passeport et si j'ai des armes à bord, mais aussi les papiers du bateau. Bien sûr que j'ai des papiers pour le bateau ! Même si c'est une simple carte de navigation côtière, il y a quand même un tampon marqué « République française » !

Arrivés à la base, c'est assez folklo. Une dizaine de militaires sont là, en uniforme, à nous regarder du quai. Mais contrairement aux deux flics qui ressemblent vraiment à des bouledogues, eux ne font pas peur du tout. La moyenne d'âge doit être de 18 ans ; ils me prennent tous en photo avec leurs téléphones portables et se marrent entre eux. Ils n'ont sûrement jamais vu un bateau aussi petit et doivent penser à une blague. Les flics, de leur côté, se détendent un peu, mais c'est pas encore la franche rigolade. Ils me demandent encore une fois si j'ai des armes à bord et mon passeport. Ça doit faire la sixième fois pour le passeport : soit ils sont vraiment très cons, soit ils veulent sûrement que j'y glisse quelques dollars pour les bonnes œuvres de la police portuaire ; malheureusement pour eux, je n'ai presque plus un rond. Je réponds : « Pas d'armes, pas (plus) de drogues, pas de cigarettes, pas d'alcool. » J'ai failli ajouter « pas de prostituées », mais comme je ne maîtrise pas encore très bien l'humour panaméen, je m'abstiens. On attend comme ça une bonne heure. Je me fais tranquillement un thé pendant que tout le monde palabre sur la vedette à couple. Je ne sais pas ce qu'ils attendent, mais j'attends avec eux par solidarité.

« OK, on va fouiller votre bateau, dit un des flics.

— Oui, sans problème », que je réponds. J'ai un peu de mal à garder mon sérieux, quand même.

Je commence enfin à comprendre pourquoi ça met tant de temps. Personne ne voulait entrer dans un si petit bateau pour l'inspecter, du coup ils ont certainement dû jouer une partie de cartes pour désigner lequel des jeunes militaires aurait le privilège de monter à bord. Pas de bol pour lui, c'est le plus grand qui a perdu et qui se tape la corvée d'inspection. Avec son gilet pare-balles, son flingue, ses grosses chaussures, ses gants en plastique et son masque, mon gars arrive à entrer tant bien que mal dans le bateau. Je suis plié de rire en voyant ce grand asticot de 1,90 mètre en train d'essayer d'ouvrir tous les containers de bouffe. Je n'ose pas prendre une photo, mais sur le coup ça me paraît vraiment très drôle.

Le militaire me demande encore une fois si j'ai des armes à bord. C'est dingue ! Qu'est-ce qu'ils peuvent bien imaginer, tous ces mecs en uniforme : que j'ai un mini-bazooka planqué dans mon mât ? Je sens un grand écart terrible entre l'image que j'ai de moi-même, un type totalement inoffensif, et ce que doivent imaginer les policiers : un dangereux trafiquant d'armes sans foi ni loi, sur son bateau spécialement conçu pour la contrebande. En fait, je crois qu'il y a incompréhension mutuelle. Les policiers et les militaires, trop cartésiens, ne comprennent pas du tout ce que je fous là, et moi, complètement inadapté aux règlements en tout genre, je ne comprends pas du tout ce qu'on me reproche.

Pendant la fouille, malgré la tension, j'essaie de regarder ailleurs pour ne pas rire ; la situation est tout de même ubuesque. Mais les flics m'ordonnent quasiment la main sur le flingue de regarder la fouille (ça doit être une sorte de procédure, je suppose). Pour ajouter du cocasse à la situation, les remorqueurs et les cargos, qui passent sans cesse à fond la caisse, font des vagues brutales, et le pauvre *Baluchon* n'arrête pas de rebondir sur la coque de la vedette. J'espère que mon inspecteur ne va pas avoir le mal de mer et me faire de gros vomis partout. Après dix bonnes minutes, le fouilleur dégoulinant de sueur sort enfin du bateau. Ses copains se marrent comme des baleines et le prennent en photo ; lui a le sourire jusqu'aux oreilles, trop content d'être enfin sorti. Mais les deux flics, eux, ne rigolent pas vraiment (ça doit être dans leur nature). Ils m'expliquent qu'ils vont me ramener là où mon bateau a été mis à l'eau et que je dois trouver une remorque pour me déposer plus loin vers l'océan par la route. Preuve que je ne suis pas tombé sur des lumières et des adeptes de la logique – je ne peux pas, d'après eux, me faire remorquer par un autre bateau alors qu'eux-mêmes viennent de le faire sur plusieurs milles. Je fais semblant de ne pas trop comprendre. Ça s'annonce mal pour moi, je n'ai plus que 2 dollars en poche et pas de puce téléphonique pour rappeler le type qui m'a emmené jusqu'ici.

Le soir tombe, je suis à nouveau remorqué, toujours à toute vitesse, vers la cale de mise à l'eau, mon point de départ, où j'ai obligation de jeter l'ancre. Je passe un début de nuit très très secoué. Les remorqueurs et les porte-containers géants font des vagues gigantesques. *Baluchon* roule comme un fou mais finit par s'échouer à marée basse dans un confortable lit de vase. Le bateau devient super stable, j'en profite pour remonter mon mât.

Je repense à l'attitude complètement incompréhensible et au manque de bon sens des policiers : ça leur aurait pris à peine quelques minutes de m'accompagner pendant les derniers mètres jusqu'au mouillage, mais au lieu de ça ils ont gaspillé un temps fou pour moi, pour finalement me faire mouiller dans un endroit où mon ancre pourrait à tout moment déraper, et provoquer des incidents de navigation sur leur précieux canal. Le QI n'est apparemment pas un critère pour entrer dans la police panaméenne.

Au petit matin, je décide d'aller à terre à la nage pour me signaler comme si de rien n'était aux policiers qui gèrent la mise à l'eau des bateaux. Dès que je mets un pied sur la rive, je tombe sur un énorme panneau signalant qu'il est interdit de se baigner à cause des crocodiles… Une charmante fliquette m'autorise verbalement à prendre la mer. Je regagne alors mon bord en hélant un pêcheur sur sa barque. Je remonte l'ancre en espérant ne pas rencontrer de nouveau mes copains en uniforme. Après une petite navigation d'une heure en serrant un peu les fesses, j'arrive enfin aux bouées du yacht-club de Balboa. Je galère comme un fou pour en attraper une à cause du courant assez fort. Heureusement pour moi, les cow-boys du canal doivent faire la grasse matinée, je ne suis pas embêté, et je suis enfin aux portes du Pacifique.

DEUXIÈME PARTIE : LE PACIFIQUE

Traversée Panamá-îles Marquises, mars 2020

Après trois jours amarré à ma bouée, je commence à en avoir ma claque, du Panamá. En plus d'avoir maintenant un gros trou dans mes économies à cause de leurs tarifs pour millionnaires, sans compter mes petits démêlés avec la police, c'est la croix et la bannière pour obtenir le *check-out* et la *clearance*, documents permettant de pouvoir sortir enfin du pays. Un méchant virus commence à inquiéter toute la planète. Le pays n'est pas encore fermé, mais les services portuaires et d'immigration ne délivrent plus rien. À part bien sûr si on lâche un bon billet. Dans ce cas, un fonctionnaire bien gras emprunte le tampon du bureau et vient au bar d'à côté te faire les papiers, illégaux et antidatés. Il faut, en plus, lui payer une bière au passage. Décidément, je ne suis vraiment pas fait pour ce monde. Je décide de mettre les voiles (enfin… la voile) en mode pirate, sans autorisation. Advienne que pourra.

Je suis quand même un peu fébrile en quittant le mouillage, la police du canal patrouille sans arrêt et j'aimerais bien ne pas avoir affaire une nouvelle fois à eux. J'essaie de me faire le plus petit possible. C'est plus fort que moi, dès que j'entends le bruit d'une vedette rapide, je rentre la tête dans mes épaules dans l'espoir d'être encore plus discret. Avec très peu de vent, *Baluchon* slalome entre les centaines d'immenses cargos au mouillage, progressant tant bien que mal vers le large et la liberté. En fin de journée, l'obscurité me fait enfin disparaître du royaume des policiers et des bandits. *Adios*, Panamá ! À nous deux le Pacifique !

Ça fait un bout de temps que j'en rêvais, de ce foutu Pacifique ! J'ai du mal à croire que j'y suis enfin. L'alizé me pousse tranquillement vers les îles Galápagos et vers l'hémisphère Sud. En fait, je n'ai pas l'intention de m'arrêter dans cet archipel où les autorisations d'escale sont fastidieuses, mais ça fait tout de même un point de chute en cas de problème.

Après dix jours de navigation relativement pépère, je rencontre la principale difficulté de la traversée : le redoutable Pot-au-Noir. C'est une zone carrément merdique située au niveau de l'équateur, qui délimite les alizés de l'hémisphère Nord et ceux de l'hémisphère Sud. (Les spécialistes appellent ça la « ZIC », la zone de convergence intertropicale.) Les vents y sont généralement très faibles et de directions variables, souvent accompagnés de grains et d'orages assez violents. Au temps de la marine à voile, c'était le cauchemar des marins, on pouvait y rester immobilisé pendant des semaines. Mais de nos jours, le Pot-au-Noir ne dérange plus grand monde. Un bon coup de moteur, quelques dizaines de litres de gasoil et hop ! l'affaire est réglée. Il n'y a plus guère que les coureurs au large et certains hurluberlus qui s'obstinent encore à naviguer sans moteur qui y connaissent des difficultés. Finalement, je m'en démerde pas trop mal, de ce fichu de Pot-au-Noir. Il faut juste être vigilant et éviter de se faire surprendre par un de ces fameux grains hyper violents qui peuvent casser le mât ou déchirer la voile en un rien de temps.

Au bout d'à peine trois jours à la barre pratiquement sans dormir, je passe sous un magnifique double arc-en-ciel complet, qui semble m'ouvrir la porte de l'hémisphère Sud et des alizés du même nom. Je vois déjà la Polynésie et les vahinés me faire de grands signes, mais les difficultés ne sont pas terminées. Le Pacifique et l'hémisphère Sud, ça se mérite quand même un peu… Je commence à avoir gravement besoin de sommeil, mais je me fais enquiquiner pendant pratiquement deux jours de suite par une flotte de bateaux de pêche qui écument la mer dans tous les sens, m'obligeant à manœuvrer sans cesse pour les éviter. Il n'y a vraiment pas moyen d'être peinard ! Si c'était pour trouver ça, j'aurais mieux fait de rester naviguer sur la Manche ! Les bateaux pissent la rouille de partout. Certains n'ont pas de signal AIS et mettent à l'eau d'immenses filets munis de bouées lumineuses. Il me semble qu'il s'agit d'une flottille de chalutiers chinois.

C'est aussi dans cette zone que des oiseaux de mer commencent à prendre mon pont pour un hôtel. Apparemment, c'est assez courant dans ce secteur, alors qu'en d'autres endroits du monde c'est mauvais signe pour l'oiseau, qui est soit perdu soit malade, et meurt en général quelque temps plus tard en refusant toute aide des marins. Mais ici, rien de tout ça, les oiseaux viennent en couple pendant un jour ou deux. Un des deux reste sur le pont pendant que l'autre tourne autour du bateau en revenant de temps en temps rejoindre son ou sa congénère et lui faire de petits bisous. Dès qu'ils s'en vont, un autre couple d'une autre espèce vient prendre la place.

Au début, je trouve ça super sympa d'avoir un peu de compagnie ; je fais même une petite vidéo en m'inventant une histoire d'amour avec une sorte de petite mouette noir et blanc. Oui mais voilà, les règles de bienséance et de propreté ne sont vraiment pas les mêmes chez les oiseaux de mer que chez les humains. En l'espace de quelques jours, le pont de mon pauvre *Baluchon* est pratiquement entièrement recouvert de caca d'oiseau bien liquide et bien odorant, ce qui me fait ronchonner. Mais, bonne pâte, je les laisse s'installer pendant quatre, cinq jours, jusqu'au moment où, allongé dans ma couchette sous le capot grand ouvert, je vois l'arrière-train de ma mouette amoureuse juste au-dessus de ma tête, prête à me lâcher une respectable offrande en plein sur le visage. Ni une ni deux, cette fois je fais mon mauvais coucheur et chasse tout le monde. Je vois bien que mon attitude ne plaît pas beaucoup, j'ai droit à pas mal de cris de mécontentement.

Quelle horreur ! J'ai dû m'endormir, mon *Baluchon* est couché sur le sable. J'ai beau le pousser de toutes mes forces, il ne bouge pas d'un centimètre. Il est tout bonnement échoué. J'aperçois deux silhouettes sur la plage. Je fais de grands signes pour demander de l'aide. Vu les circonstances, j'aurais bien aimé trouver deux rugbymen bien costauds, mais en l'occurrence ce sont deux superbes filles en maillot de bain. L'une porte un fusil harpon sur l'épaule et l'autre tient un balaise de poisson au bout du bras. Je leur explique en polonais que j'aimerais bien qu'elles m'aident à pousser mon bateau, avant de m'apercevoir que je ne parle pas polonais et qu'il est peu probable qu'elles le comprennent en retour. Je me remets à pousser le bateau avec l'espoir qu'elles devineront ce que j'attends d'elles. C'est alors que la fille au harpon me prend par la main et m'entraîne vers les dunes toutes proches. Sa copine me sourit et me fait un clin d'œil comme si j'étais le plus beau mec du monde. (Rien que ça, ça aurait dû me mettre la puce à l'oreille…) On se dirige ensuite tous les trois vers une sorte village composé de huttes d'où sortent des dizaines d'autres filles tout aussi bien gaulées que mes deux guides. Oh ! la vache !

Au centre du village, la fille qui me tenait la main m'attache à un poteau qui devait se trouver là par hasard. Toutes les filles se mettent alors à m'observer, certaines me prennent en photo avec leurs smartphones, où est dessiné un étrange symbole : une sorte de pomme à moitié croquée. L'une des filles, vêtue d'un tee-shirt moulant rose bonbon où il est inscrit « shopping » avec des paillettes, me regarde comme si elle allait me dévorer tout en faisant des bulles avec son chewing-gum et en tournicotant une de ses couettes avec son doigt. Je ne sais pas pourquoi, mais je commence à avoir très très chaud. Puis l'ensemble des filles se met à chanter une sorte de complainte et commence à tourner en rond autour de moi : « Aide-nous à payer les traites du dernier monospace et de la nouvelle machine à laver. » Mon sourire jusque-là béat commence à s'effacer, d'autant que je m'aperçois que je suis attaché super serré et que ça ne va pas être de la tarte pour se sortir de ce merdier.

C'est alors que je me réveille en sursaut. Il me faut pas mal de temps pour comprendre que je ne suis pas sur une île avec des nanas super canon en maillot de bain, mais à l'intérieur de mon *Baluchon* pris par une danse de Saint-Guy au beau milieu du Pacifique. Dans un demi-sommeil, je hisse la tête par le capot : plus de Chinois ni d'oiseaux de mer en vue, tout va pour le mieux.

Les jours se suivent ensuite, mille après mille, tranquillement et sans incident notoire. Je repense quelquefois avec nostalgie à l'île aux filles. Le reste du temps, je lis, j'écoute de la musique et des podcasts, c'est pas vraiment la vie de galérien.

Côté lecture, j'essaie de me mettre à la poésie. Il y a bien longtemps, j'avais lu *Les Fleurs du mal* ; tant de beauté dans les textes m'avait impressionné. Puis la vie, la paresse et plein d'autres choses ont fait que je n'ai plus lu un seul recueil. J'avais cependant glissé Baudelaire, Rimbaud et Verlaine au fond de ma liseuse en les réservant pour le milieu du plus grand océan du monde. Malheureusement, je ne réussis pas à retrouver l'émotion en les lisant. Les textes sont magnifiques, oui, mais ça ne provoque pas les frissons que j'en attendais. Ça m'inquiète un peu. Peut-être que je suis devenu trop vieux… Peut-être que mon cœur s'est fermé… Peut-être que le fait de devenir un constructeur de bateau et un navigateur trop cartésien m'a fait perdre mon côté émotionnel… Évidemment, plus je cherche à ressentir quelque chose, moins ça marche. C'est le principe, la poésie ne peut se comprendre que si on essaie de ne pas la comprendre. Je suis quand même un peu frustré, j'attendais tant de ces lectures…

Je constate que jour après jour la distance quotidienne parcourue diminue de plus en plus. En me baissant par-dessus bord, je m'aperçois que la coque est entièrement recouverte d'anatifes, une sorte de mollusques caoutchouteux très dur à décoller ; ça doit me ralentir énormément. Doux Jésus ! Ni une ni deux, j'enroule la voile, enfile masque et tuba, et plonge pour gratter toutes ces horreurs. Au bout d'une bonne heure d'efforts, je commence à retrouver une coque à peu près propre, je remonte à bord assez satisfait de moi.

Un peu plus tard, j'entends un grand coup dans le gouvernail. « Qu'est-ce qui se passe ? » Puis un autre coup. Je me penche et je vois un requin. Il a l'air très énervé, le garçon. Il n'est pas immense, dans les 2 mètres, tout jaune avec des ailerons blancs. Il semble s'intéresser très fortement à quelque chose situé sous le bateau, mais je n'ai aucune envie d'aller voir ce que c'est. Je n'ose même pas imaginer ce qui se serait passé si j'étais tombé nez à nez avec lui pendant ma séance de grattage. Je décide que, dorénavant, je vais éviter de plonger. Même si je mets quelques jours de plus pour rejoindre la terre, c'est quand même mieux que d'avoir un bout de bras ou de jambe en moins.

Un autre jour, alors que je sortais la tête par le capot pour prendre l'air avec mon gobelet de thé à la main, j'aperçois juste devant, à une vingtaine de mètres, une baleine immobile couchée sur le côté. On va droit dessus. Je suis saisi par cette vision : je reste planté là sans bouger, incapable de rentrer à toute vitesse à l'intérieur du bateau afin de libérer la barre du pilote pour l'éviter. C'est très étrange, la nageoire de la baleine est en l'air, presque aussi haute que le mât de *Baluchon.*

En utilisant le jeu sur la barre extérieure, je passe finalement à à peine deux mètres d'elle. Qu'est-ce qu'elle fout dans cette position, cette baleine ? Est-ce qu'elle dort ? Est-ce qu'elle est malade, ou morte ? Peu probable, sinon des oiseaux de mer seraient déjà en train de lui picorer le bide et sa nageoire ne tiendrait pas toute seule à la verticale, Peut-être veut-elle simplement me faire un *check*... Ce que je pourrais presque faire tant on est proches l'un de l'autre. J'en ai des frissons et je serre les fesses. Si elle se met à bouger et à rabattre sa nageoire, *Baluchon* sera à coup sûr coupé en deux. On la dépasse en silence sans qu'elle bouge ; petit à petit, elle se retrouve dans le sillage. Pendant un bon moment, je la regarde s'éloigner derrière nous jusqu'à ce qu'elle ne devienne qu'un petit point noir au loin. Je n'ai même pas eu la présence d'esprit de lui adresser un salut fraternel.

Comme dans un rêve, comme ça, après 4 000 milles et au bout de quarante-quatre jours de navigation qui m'ont paru plus ou moins réels, l'île d'Hiva-Oa, dans l'archipel des Marquises, apparaît un beau matin en plein milieu de l'océan.

Mon arrivée au mouillage à la godille crée l'étonnement sur tous les bateaux à l'ancre. « Mais d'où il peut bien venir, ce type dans sa boîte à chaussures ? » Un plaisancier m'envoie une canette de bière toute fraîche quand je passe à sa hauteur, une Hinano, un premier contact avec la Polynésie bien sympa. On m'apprend alors que le monde entier s'est confiné depuis plusieurs semaines à cause d'un virus mortel qui s'est propagé sur l'ensemble de la planète, et que la Polynésie met en quarantaine tous les bateaux entrant, avec interdiction de descendre à terre pendant quatorze jours et de quitter l'île. Je n'étais pas si mal en pleine mer, finalement. Mais on m'annonce que les mesures sont en train d'être assouplies.

Pratiquement tous les bateaux sur le mouillage viennent me saluer en dinghy ; certains m'apportent de la nourriture, des fruits, des œufs durs, de la bière, du chocolat… Ça tombe bien, car il ne me restait presque plus rien à manger. Boire une bière bien fraîche et croquer dans un bout de chocolat après quarante-quatre jours de mer devant une des plus belles îles du monde me procure un réel moment d'extase. Ça valait largement le coup de venir jusqu'ici, même dans une boîte à chaussures !

Le lendemain, les gendarmes m'appellent du quai pour commencer la procédure d'entrée, rendue plus complexe par le Covid. Ils commencent à faire un peu la tête quand je leur annonce que je n'ai pas de *clearance.* Mais le responsable, qui n'est visiblement pas idiot, me demande si j'ai un compte Facebook sur lequel j'ai mentionné mon départ de Panamá. Mais oui, j'ai bien mentionné mon départ sur ma page ! J'affirme ensuite sur l'honneur que je n'ai pas été malade durant les quarante-quatre jours de traversée, et au bout de deux petits jours d'attente je peux enfin descendre à terre. Qui a dit que l'administration française était enquiquinante ?

Les Marquises

Dès que je pose le pied à terre, je suis pris d'un sentiment assez étrange et délicieux d'irréalité, une sorte de rêve éveillé. Comment se peut-il qu'un petit bonhomme comme moi, sur un si minuscule bateau, puisse arriver pratiquement sans difficulté sur ces îles magnifiques ? Longtemps, je vais avoir le sentiment de rêver, que le réveil va sonner sous peu pour m'ordonner de me lever pour retourner à mon boulot super chiant à la DDE à cumuler des points de retraite parfaitement hypothétiques. Me retrouver comme ça, en dilettante, au beau milieu d'îles sublimes sans avoir l'impression de le mériter vraiment, me procure de merveilleux moments de plénitude. Plusieurs fois par jour, je m'exclame intérieurement : « Putain, mec, c'est pas croyable, t'es arrivé jusqu'aux Marquises ! » Ce à quoi je me réponds : « Mais non, c'est pas possible, c'est bien trop énorme comme truc ! » Pendant cette période, le sourire béat que j'avais continuellement m'a sûrement fait prendre pour un imbécile heureux.

Les habitants sont tous d'un accueil et d'une gentillesse incroyables : je reçois quasiment tous les jours des sacs entiers de fruits ; impossible de marcher pour rejoindre le village : pratiquement chaque fois une voiture s'arrête pour me prendre en stop sans même que j'aie besoin de lever le pouce et sans non plus que j'aie la possibilité de refuser.

Faire escale aux Marquises, c'est faire une escale hors du temps. Les fantômes de Melville, de Gauguin et de Brel y sont omniprésents. La nature y est grandiose. On s'y sent tout petit et grand à la fois. Rien que de voir mon petit *Baluchon* au mouillage entouré par ces montagnes majestueuses me met presque chaque fois au bord des larmes.

Je profite également de cette escale pour faire un petit carénage bien mérité. Par manque de moyens à mon départ, j'avais appliqué un antifouling bas de gamme en promotion, le refaire n'est donc pas un luxe. La petite taille de *Baluchon* joue encore en ma faveur. Le chantier naval fort sympathique d'Hiva-Oa sort mon bateau de l'eau à l'aide d'un simple élévateur, pour une somme modique, et me propose gracieusement des fonds de pots abandonnés par d'autres plaisanciers, ce qui permet à *Baluchon* de retrouver une belle carène toute propre. Mais le plus beau cadeau des Marquises aura sans conteste été celui de Joselito, un sculpteur émérite de la baie de Hanamenu, qui a tenu à sculpter ma godille. Grâce à lui, les dieux marquisiens de la mer vont maintenant m'accompagner et me donneront peut-être la chance de boucler mon tour du monde.

Malheureusement, mais d'un autre côté heureusement pour moi, sinon je n'aurais probablement pas eu assez de volonté pour continuer mon voyage, il y a aussi quelque chose de diabolique sur ces îles enchanteresses : le *nono*, une sorte de moucheron extrêmement agressif qui, même si tu es badigeonné de tous les répulsifs du monde, te dévore littéralement sur place. En seulement quelques semaines, l'ensemble de mes jambes et de mes bras est recouvert de plaies à vif, très douloureuses et mettant un temps fou à cicatriser. C'est un véritable cauchemar. Comme partout, chaque bonne chose a son revers. Ce petit désagrément, plus le fait que l'océan me rappelait sans cesse qu'il était temps de lever l'ancre, fait qu'un beau matin j'ai repris ma route. Mais tout au fond de moi, quelque chose me disait que ce n'était qu'un au revoir, qu'un de ces jours je reviendrais forcément dans ce petit coin de paradis.

Traversée îles Marquises-Tahiti, juin 2020

Cette toute petite traversée de 780 milles n'aura pas posé de difficultés particulières, à part pour un point que je vais essayer d'exposer ici. On me demande souvent ce que j'utilise comme moyen de navigation. Par pure paresse intellectuelle, je privilégie toujours les solutions les plus simples pour résoudre les problèmes auxquels je suis confronté. Ce n'est pas nouveau comme idée, le principe philosophique du rasoir d'Ockham ne date pas d'hier. Il se résume à « pourquoi faire compliqué quand on peut faire simple » et s'oppose carrément à la tendance actuelle, qui préconise totalement l'inverse. Bref, pour me positionner en mer, j'utilise le GPS de mon téléphone portable et une application gratuite avec cartographie incluse. Pas besoin d'avoir de réseau téléphonique, le GPS fonctionne en captant les signaux des satellites et non ceux du réseau téléphonique. C'est à mon sens beaucoup plus simple et beaucoup plus économique que d'avoir un traceur GPS ou de se servir d'un sextant, qui implique d'avoir aussi une montre qui donne l'heure exacte, un récepteur radio pour avoir un top horaire, des éphémérides de l'année en cours, une calculatrice et des cartes papier pour reporter son point.

En secours, j'avais emporté au départ une tablette avec la même application de positionnement, ainsi que mon ordinateur portable, la probabilité d'avoir une panne de ces trois appareils en même temps étant quasiment nulle. Oui mais voilà, ma tablette a rendu l'âme seulement quelques jours après mon départ des Canaries, et par un beau jour de pétole au large des Galápagos, quand j'ai voulu regarder un film sur mon ordinateur conservé enroulé dans un vieux sweat-shirt et enfermé dans deux sacs étanches, le disque dur avait tout simplement fondu par plus de 40 degrés dans la cabine, me privant de mon film, mais surtout de ma dernière chance de connaître ma position en cas de panne de mon smartphone.

Sur le coup, la perte de mes moyens de positionnement de secours ne m'a pas affolé outre mesure, je ne m'étais jusque-là jamais vraiment bourré le mou avec ma position en mer. Je pensais avoir de bonnes prédispositions pour la navigation au doigt mouillé, ce qui me permettait, je l'imaginais, de trouver relativement facilement mon chemin. Mais depuis Panamá, ma boussole interne s'était bizarrement déréglée. Dans mon subconscient, le canal de Panamá était orienté est-ouest, alors qu'en réalité il est orienté nord-sud, et cet écart de 90 degrés a pendant plusieurs semaines complètement chamboulé mon sens de l'orientation. Durant une bonne partie du trajet jusqu'aux Marquises, j'avais la désagréable sensation de ne pas vraiment faire route dans la bonne direction. J'ai compris petit à petit qu'en cas de panne de mon désormais unique moyen de me positionner j'aurais été tout bonnement perdu au beau milieu de l'océan.

En théorie, ce n'était pas la peine d'en faire tout un fromage et de céder à la panique, on n'est jamais réellement tout à fait perdu en mer, et l'idée de bouffer de la purée de plancton et de boire de l'eau de pluie pendant plusieurs semaines n'aurait pas dû m'inquiéter plus que ça. J'allais forcément un jour ou l'autre croiser une île, voire un autre bateau qui aurait pu me donner ma position ou une direction à prendre. Mais en réalité, j'ai tout de même connu quelques moments d'angoisse avant d'apercevoir l'île d'Hiva-Oa.

Pendant ces heures de doute, j'ai bien étudié les autres îles sur lesquelles j'aurais pu m'arrêter si j'avais loupé l'arrêt des Marquises. Conclusion : même en plein milieu du Pacifique, il y a toute une flopée d'îles, dont certaines me donnaient l'impression d'avoir été mises là rien que pour embêter les navigateurs. La palme des îles les plus enquiquineuses revient sans nul doute à celles de l'archipel des Tuamotu, une multitude d'anneaux coralliens disséminés un peu partout, pile poil sur la route entre les îles Marquises et Tahiti. Si sans GPS les chances de trouver les Marquises sont minimes, en revanche, celles de s'échouer sur un atoll des Tuamotu sont extrêmement élevées (en traçant une ligne droite entre les Marquises et Tahiti, il est presque impossible de ne pas rencontrer un atoll), d'autant que ces anneaux de corail très bas sur l'eau et battus en permanence par les vagues ne sont visibles que quelques secondes avant d'avoir la quille définitivement encastrée dedans.

Pour couronner le tout, naviguer dans les Tuamotu est techniquement assez difficile, surtout sans moteur. Les passes pour y entrer sont soumises à des courants très violents, et une fois à l'intérieur le danger n'est pas écarté pour autant, ces lagons formant de véritables petites mers intérieures, où des coups de vent assez forts peuvent lever des houles assez traîtresses et générer de dangereux pièges, sans la possibilité de sortir pour se réfugier en haute mer. On ne compte plus le nombre de voiliers définitivement perdus dans l'archipel des Tuamotu. Bref, un excès de prudence et de manque de confiance dans mes facultés de marin côtier m'a incité à ne pas visiter ces îles pourtant réputées d'une beauté légendaire. (Mais je n'ai pas eu à regretter cette décision. Quelques mois plus tard, j'ai eu la chance inouïe de revenir en tant qu'équipier sur un grand trimaran à moteur, à bord duquel j'ai pu visiter une bonne partie de l'archipel.)

Tout cela m'a obligé, pour une fois, à bien préparer cette traversée sans partir comme à mon habitude le nez au vent en faisant confiance uniquement à mon sens de l'orientation approximatif. Cette fois, plus question de se la couler douce, ni de lire, ni d'écouter de la musique ou des podcasts, ni même de roupiller tranquillement sans avoir à passer son temps à se préoccuper de sa position. J'ai contourné prudemment tous les îlots, si bien qu'à la fin je me suis bien moqué de moi-même, qui avais eu si peur de cette navigation.

À l'escale d'Hiva-Oa, un navigateur charitable m'a donné un ancien GPS portable à piles, où j'ai enregistré les points de passage entre les atolls, ce qui m'a permis de naviguer sans le stress de la panne de mon smartphone.

À part ce petit slalom entre ces îles, cette traversée est un véritable plaisir, avec de très bonnes moyennes.

En ce qui concerne la lecture, une fois les dangers des Tuamotu passés, je ne me foule pas trop non plus, en me tapant la trilogie *Millénium* de Stieg Larsson. Ce qui provoque le moment le plus pénible de la traversée : au plus fort de l'intrigue, un bateau de pêche se met juste sur ma route, m'empêchant de finir le bouquin en paix. On ne peut vraiment jamais être tranquille !

Après pratiquement huit jours de mer, juste au moment d'entrer dans le port de Papeete, le vent se met à forcir un peu, m'obligeant à tirer de longs bords dans le port de commerce parmi les ferrys, les cargos et les remorqueurs, qui me font tous des coucous amicaux.

Même les gendarmes maritimes me saluent lorsqu'ils me croisent. Ça change de mon port de Saint-Brieuc avec son contingent de chefaillons toujours prêts à dégainer une kalachnikov juste parce qu'un misérable bateau de 4 mètres sans un sacro-saint moteur est en mesure de gêner je-ne-sais-qui ou de provoquer un accident. (Mais le règlement, c'est le règlement !)

Arrivée au ponton de la marina avec une manœuvre à la voile un peu aléatoire et assez artistique au beau milieu de tout un tas de yachts de luxe géants offrant un contraste comique avec ma coquille de noix.

Tahiti-îles Sous-le-Vent

Tahiti me réserve aussi son lot de super moments. Dès mon arrivée, j'ai droit à ma tronche dans le quotidien et le journal télévisé locaux. Après ça, beaucoup de gens reconnaissent mon petit *Baluchon* et viennent spontanément à ma rencontre. Je passe un nombre incalculable d'heures à papoter avec toutes sortes de gens différents que je n'aurais jamais eu l'occasion de rencontrer en temps normal, et à me faire inviter à droite à gauche pour raconter inlassablement mon voyage. Ce sont toujours de très bons moments, à part pour mon estomac, car beaucoup tiennent à m'offrir un verre ou à m'inviter à dîner.

À cause ou grâce aux poules dessinées avant le départ sur ma coque et ma voile par mon ami Jean-Yves Le Fourn, artiste à Brest qui a la charmante obsession de dessiner des poules partout où il passe, on me confond très souvent avec un autre navigateur, Guirec Soudée, qui a fait quelque temps avant moi un tour du monde à la voile en compagnie d'une vraie poule.

Beaucoup de gens insistent pour m'apporter de l'aide, mais je n'en ai pas vraiment besoin tant les problèmes sont quasiment inexistants sur un si petit bateau et que ma philosophie première est de toujours essayer de me démerder par moi-même.

La rencontre la plus improbable pour moi s'est déroulée un beau matin à la marina de Papeete. J'étais parti faire quelques courses en ville, et en retournant à mon bord je trouve un petit mot coincé dans mon capot : « Bravo, bateau magnifique et conception si intelligente [...]. Si vous avez le temps et l'envie, voici mon tel... Olivier de Kersauson. » En le lisant, je n'y crois pas une seule seconde ; je regarde autour de moi pour voir qui me fait cette bonne blague, mais je ne vois personne. Même en admettant que ce n'en est pas une, c'est quand même très bizarre comme truc. J'hésite à appeler même si ce n'est pas très poli. Dans mon esprit, on ne peut pas imaginer des caractères plus opposés que le sien et le mien. J'imagine ce précurseur et inventeur des magnifiques multicoques géants du trophée Jules Verne gouailleur et tempétueux, compétiteur né, rien à voir avec moi et mon « bateau jouet ».

Juste à ce moment-là, un ami navigateur passe par là. Je lui montre mon petit papier comme pour lui demander confirmation que c'est bien une blague et qu'il faut faire semblant de ne l'avoir jamais vu. Pas de bol, mon ami est super fan : « Ouais, trop bien ! Il faut que tu lui téléphones, j'ai toujours rêvé de le rencontrer. »

« Bo hé lui ! D'abord, c'est moi qu'il veut rencontrer, pas toi ! » que je me dis dans un petit excès d'amour-propre.

« Bon, bah vas-y. Qu'est-ce que tu attends ? Téléphone-lui !

— Heu, t'es marrant, et qu'est-ce que je vais lui raconter, moi ? »

Dépité, mon pote, qui est du genre « rentre-dedans » avec un accent du sud de la France à casser des briques, me prend mon papier, sort son téléphone et appelle à ma place. Je ne sais plus où me foutre. Heureusement, Kersauson est aux commandes de son canot à moteur et ne comprend pas ce que lui dit mon mec, qui me repasse le téléphone. Kersauson (qui vient de couper son moteur) me pose alors plein de questions sur mon bateau. Je sens tout de suite qu'il faut jouer cartes sur tables, pas besoin de la jouer trop modeste ni de baratiner, il faut causer juste.

« Viens me voir demain, on déjeunera ensemble, j'adore ton bateau. » Quand je raccroche, je suis tout chose, il faut vraiment que j'apprenne à être moins émotif à l'avenir.

Le lendemain, je rencontre le grand marin. Il est super sympa avec moi, on passe un bon moment à discuter bateau. À son contact, je m'aperçois, sans vraiment pouvoir l'admettre entièrement, que l'on fait un peu le même métier. Lui a cherché à améliorer constamment ses fabuleux voiliers de course et moi, de mon côté, j'essaie d'améliorer mes petits bateaux en les simplifiant au maximum. De son point de vue, la démarche est similaire, et c'est ce qui lui plaît. Je suis très étonné, je ressens chez lui une hypersensibilité et une intelligence extraordinaires qui n'ont rien à voir avec l'image que j'avais de lui ; je comprends que c'est aussi un grand pudique qui se protège derrière une carapace et une image qu'il s'est créées au fil des années.

Quelques jours plus tard, lors de sa chronique hebdomadaire sur RTL, il fait une tartine élogieuse sur mon bateau. Je suis à la fois tout gêné mais en même temps assez fier pour mon *Baluchon*, qui a droit à une audience nationale.

À mon départ de France un an plus tôt, je n'aurais jamais imaginé une seule seconde que mon bateau allait provoquer tant d'attraction, bien au contraire. Je m'étais même mis dans la tête qu'un navigateur lambda, ayant sacrifié plusieurs décennies d'efforts et d'économies dans son bateau, n'apprécierait sûrement pas de voir un énergumène comme moi, naviguant dans une vulgaire caisse en contreplaqué, arriver le nez au vent comme si de rien n'était de l'autre côté de la planète. Eh bien pas du tout. Même des marins chevronnés, sur des bateaux représentant plusieurs centaines de fois le prix de mon *Baluchon*, m'ont abordé avec amitié ; les enfants adoraient monter à bord de ce jouet ressemblant plus ou moins à un bateau. Partout, j'ai provoqué curiosité et sympathie.

J'ai même, chose inimaginable pour moi, fait une conférence au yacht-club de Tahiti sur mon voyage. Moi ! L'homme le plus timide du monde ! Parler devant des gens ! Si quelqu'un m'avait dit ça avant mon départ, je lui aurais bien rigolé au nez. Mais je m'en suis pas trop mal tiré, personne n'a remarqué que j'étais mort de trac, j'ai juste un peu bafouillé mais sans plus, une expérience intéressante mais que je ne compte pas recommencer tous les jours non plus.

Naviguer en Polynésie, c'est vraiment le pied. Le vent y est presque toujours constant et assez fort pour bien s'amuser en bateau. Je me fais passer pour un bon marin à peu de frais, en rentrant uniquement à la voile un peu partout, ce qui n'est vraiment pas difficile avec *Baluchon*, qui se conduit comme une mobylette. Ça fait chaque fois son petit effet sur les autres voiliers au mouillage. Les voix portent généralement bien sur l'eau, et j'entends souvent des commentaires :

« Regarde, c'est le type qui fait le tour du monde sur son petit bateau !

— Là-dessus ?! Non mais c'est pas possible, c'est trop minuscule ! »

J'arrive en général comme une fleur au beau milieu des autres bateaux, et commençant à devenir un tantinet cabot ; je me fais un malin plaisir à manœuvrer et à jeter l'ancre quasiment comme un pro. En général, les autres marins me font des signes du pouce, auxquels je réponds en faisant le mec blasé, ce qui me vaut souvent d'être invité à boire une bière ou un café. Bref, je commence à filer un mauvais coton en faisant un peu trop mon kéké.

Jusqu'au jour où, dans une baie de Moorea, par un vent assez soutenu, je passe trop près d'une bouée et craaac ! je m'échoue comme une nouille sur une patate de corail dans un mélodieux bruit de raclement. *Baluchon*, complètement arrêté, ne bouge plus d'un centimètre. Je suis à deux doigts de mourir de honte, j'ai tout à coup l'étrange impression que la totalité de la trentaine de bateaux présents se fout de ma gueule. Heureusement, deux dinghys à moteur viennent me tirer de là. J'en suis quitte pour une bonne éraflure sous ma quille et à mon amour-propre, et un petit rappel à l'ordre : en mer, on évite de faire son mariole et on doit toujours se méfier de tout.

La visite paradisiaque du reste des îles Sous-le-Vent est aussi un vrai rêve, avec plein de rencontres sympathiques. *Baluchon* me permet encore une fois d'être invité à manger très régulièrement, ce qui me change de mes éternelles nouilles chinoises et sardines en boîte. Souvent aussi, je retrouve des fruits par kilos dans mon cockpit : je peux témoigner que la gentillesse et l'accueil en Polynésie, ce n'est vraiment pas une légende.

Et puis… Et puis il y a eu Rebecca. La fille du vent, celle qui n'a qu'à ouvrir l'espace de ses bras pour tout reconstruire. Au début, je n'ai pas vraiment compris : la nana la plus cool, la plus brillante, la plus canon, la plus sympa, la plus drôle qu'on puisse imaginer rencontrer, avec en prime un joli grain de folie et un brin d'autodérision, le genre de fille qui n'existe que dans les rêves. Quand je la croisais, tout s'illuminait, comme si j'avais vécu dans l'ombre jusque-là, et quand elle n'était plus là, je devenais triste à mourir.

Comme je suis un garçon un peu binaire pour qui c'est tout ou rien, je suis tout simplement tombé raide dingue d'elle. Exactement le genre de coup de bambou qui te fait te retrouver le cul par terre. J'avais déjà connu quelques années plus tôt ce genre de sentiment un peu trop fort pour une belle inconnue, mais, trop timide pour déclarer ma flamme, j'avais laissé passer ma chance, ce qui me provoquait parfois un gros pincement au cœur suivi d'une petite larme de tristesse. Mais cette fois, dans ma volonté de combattre ma réserve, j'ai osé une pathétique déclaration. Ça n'a l'air de rien, mais il m'a fallu rassembler beaucoup plus de courage que pour braver tous les océans du monde sur mon minuscule voilier.

Évidemment, comme j'aurais dû m'y attendre, je me suis fait éconduire, d'une manière charmante et diplomate, mais éconduire quand même. Sur le coup, j'ai joué le mec désinvolte et gentleman, mais en réalité j'ai eu comme l'impression d'avoir reçu un bus en pleine poire. Devant mon désarroi, un ami navigateur solitaire avec lequel je m'étais lié d'amitié depuis mon escale aux Marquises a essayé tant bien que mal de me remonter le moral en me donnant des conseils de drague, art dans lequel il était passé maître.

« Regarde celle-là comme elle est jolie ! me disait-il pour me distraire de ma morosité en me désignant une Tahitienne bien roulée.

— Ça, jolie ?! Mais arrête, ça n'a rien à voir avec ma Rebecca ! » que je me répétais avec un goût d'amertume dans la bouche.

Quelques semaines avant de quitter la Polynésie, je me suis un peu inquiété. Partir pour une navigation de plusieurs milliers de milles dans ce triste état, était-ce bien raisonnable ? Si jamais il devait m'arriver un truc grave en mer, qu'il faille m'accrocher de toutes mes forces à la vie, est-ce que ma déception n'allait pas me pousser à lâcher prise ?

Mais pourquoi ai-je été si bête ? Si je n'avais pas dévoilé mes sentiments, si j'avais gardé tout ça pour moi comme lors de mon précédent épisode amoureux, je ne serais pas devenu si déprimé. Un état qui confirmait ma façon originale de fonctionner, qui s'accorde beaucoup mieux avec l'illusion qu'avec la réalité : un amour rêvé vaut cent fois mieux qu'un amour manqué. J'espérais juste que ma tristesse était due seulement à ma déception et au manque de passer de bons moments en sa compagnie plutôt qu'à une forme d'arrogance, qui m'aurait fait penser que je ne pouvais pas supporter le simple fait qu'on puisse tout naturellement me dire non.

Ça faisait bien des années que j'avais renoncé à m'approcher de trop près des filles, mes quelques expériences précédentes s'étaient toutes soldées par des échecs cuisants, me laissant des impressions d'emprisonnement et d'étouffement à la limite du supportable. J'en étais arrivé à la conclusion que les hommes et les femmes ne sont vraiment pas faits pour vivre ensemble. Dans une vie parfaite, la solution la plus adaptée à la vie de couple serait de vivre chacun chez soi, que chacun réalise ses délires et ses rêves, et qu'on ne se retrouve que pour de bons moments volés à la vie, tout en pouvant compter l'un sur l'autre dans les moments difficiles.

C'est peut-être ça qui m'a tant séduit chez Rebecca : une reine combattante, forte et remplie d'énergie avec des projets plein la tête, une femme qui n'a aucunement besoin d'un mec pour vivre, tout comme moi je n'ai pas réellement besoin d'une femme. L'idée même que deux électrons libres sans aucune interdépendance puissent se rencontrer m'a paru merveilleuse, mais cependant visiblement irréalisable.

Au bout de pas mal de temps et de regrets, je me suis petit à petit fait à la réalité. L'amour m'aura fait faux bond. Les probabilités de rencontrer une autre Rebecca aussi sublime et folle étant quasiment nulles, et comme ce ne sera sûrement pas demain la veille que je me risquerai à faire une nouvelle déclaration, mon avenir sentimental s'annonçait des plus sombre. Tant pis pour moi, mais tant mieux pour ma précieuse liberté, qui ne s'en portera que mieux. J'aurais tout de même fait une superbe rencontre, ça aura peut-être aussi été d'une certaine façon le moment le plus intense de mon voyage.

Cet épisode, qui pourra sûrement faire sourire les machos collectionneurs de conquêtes féminines, ceux-là mêmes qui disent « une de perdue, dix de retrouvées », sont probablement assez suffisants pour se contenter d'emballer la première blondasse écervelée venue. Quant à moi, ça fait bien longtemps que les histoires d'amour toutes ternes, tout comme les navigations à la petite semaine ou les boulots ennuyeux, ne m'intéressent vraiment plus du tout. J'ai décidé une bonne fois pour toutes de ne plus consacrer le temps qu'il me reste à la médiocrité. Ça crée aussi son lot de frustrations, mais ça fait aussi partie du prix à payer, ces petits grains de sable qui mettent un peu de piquant dans l'existence.

Traversée Raiatea-Nouvelle-Calédonie, septembre 2020

Sur le quai d'Uturoa, sur l'île de Raiatea, tous les copains de l'île sont là pour me dire au revoir : ça fait tout chaud à mon petit cœur un peu cabossé. Le vent est un peu fort et mal placé pour un départ à la voile, mais ça ne m'inquiète pas trop. J'ai déjà la manœuvre en tête, ça devrait le faire. Mais au milieu des embrassades et des adieux, j'oublie de défaire les cordages qui maintiennent la barre intérieure – je m'en aperçois trop tard quand je m'éloigne du quai à la godille. Ça fout tout mon plan en l'air, qui était d'envoyer la voile le plus vite possible. À présent, le temps de ranger la godille, de plonger au fond du bateau pour libérer la barre, le vent frôlant les 20 nœuds m'aura déjà plaqué sur le quai de l'autre côté de la darse, d'où il sera beaucoup plus difficile de repartir.

Je continue comme si de rien n'était à la godille dans un clapot assez dur et le bateau chargé. C'est un peu limite, mais j'arrive tant bien que mal à rejoindre le bout du quai face au vent ; les copains viennent m'aider à l'accostage. Étonnamment, personne ne me pose de questions, tout le monde pense sûrement que je suis un bon marin qui sait ce qu'il fait. Avec un peu de chance, les apparences seront sauves, saint Innocent veille encore sur moi ! Ça me donne le temps de mettre mes affaires au clair et de dérouler la voile. Ça y est, *Baluchon* prend le vent et décolle enfin du quai, ouf ! Je suis encore un peu vexé de ma manœuvre de néophyte, mais les encouragements et les au revoir me donnent de l'énergie, d'autant qu'il y a parmi le groupe de trop jolies filles, ce qui me remonte un peu le moral. C'est parti ! En peu de temps, je suis sorti du lagon, accompagné par un petit canot doté d'un charmant équipage. À moi le large et l'inconnu !

Cette traversée de 2 500 milles (sans aucune possibilité d'escale, pratiquement toutes les îles du Pacifique étant drastiquement fermées à cause du Covid) ne me laissera pas de souvenirs impérissables. Pour les deux tiers, elle se déroule sous une météo toute pourrie et bien dégueulasse, alternant de grandes périodes de pétole et des vents assez musclés sous des ciels passant par toutes les nuances de gris foncé, et des journées entières sous des déluges de flotte. J'ai même droit à un énorme orage avec des éclairs impressionnants pétant de partout, et deux jours de vent de face. Pendant une bonne dizaine de jours d'affilée, je ne vois presque pas le soleil, un temps à filer le cafard à un alignement de menhirs, rien à voir avec ce qu'on attend d'une croisière dans les alizés.

Je repense très souvent à Rebecca, et les poètes ne me parlent toujours pas, fait chier !

Pendant un des nombreux coups de vent, une déchirure apparaît au beau milieu de ma voile. Problème qu'il faut résoudre rapidement, sans quoi le trou va obligatoirement s'agrandir et finir par couper la voile en deux, ce qui nous fera forcément bien moins marcher. C'est vrai que ma voile n'est pas de première qualité, c'est ma faute, c'est la seule chose que je n'ai pas faite moi-même sur le bateau (hormis bien sûr les quelques appareils électroniques). Comme j'essaie depuis un certain temps de vivre du travail de mes mains, par esprit de solidarité, j'ai voulu faire appel à un artisan fabriquant lui-même ses voiles et non en les faisant fabriquer par des plates-formes ou des sous-traitants travaillant à l'étranger, comme c'est de plus en plus la règle dans la voilerie de plaisance. Je me suis alors tourné vers une voilerie située pas très loin de chez moi.

Malheureusement, la communication n'étant pas trop mon fort, et avec en plus la crainte de passer pour un dingue (!), je n'ai pas su expliquer la nature de mon projet. J'ai, comme d'habitude, fait part d'une vague navigation semi-hauturière mais sans plus, ce qui n'a évidemment pas parlé au gérant de la voilerie, au demeurant fort sympathique. À la réception de ma commande, j'ai été un peu déçu en voyant ma voile d'une qualité tout à fait correcte pour de la plaisance côtière, mais carrément insuffisante pour faire un tour du monde. Je me suis alors dit : « Pas grave, on fera avec. » Mais quand j'ai vu ma jolie petite voile se déchirer en plein milieu du Pacifique, à plusieurs centaines de milles de toute île habitée, je m'en suis un peu mordu les doigts. Mon attitude n'a pas vraiment été très sérieuse sur ce coup-là. Ma voile montrait de sérieux signes d'usure après seulement cent trente jours d'utilisation effective et 12 000 milles parcourus, ce qui n'est pas mal du tout pour une voile de plaisancier moyen, mais sur le coup cette idée ne m'a pas réconforté plus que ça. J'aurais dû, dès le départ, quitte à payer plus cher et passer pour un chieur, exiger une qualité supérieure de tissu, de fils et de renforts. Il paraît que le prix s'oublie mais que la qualité reste.

Pour tenter une réparation, l'idée qui vient généralement à tout le monde est de descendre la voile pour la recoudre tranquillement sur le pont. Et pour descendre la voile, rien de plus simple, il suffit d'enlever le mât, ce qui est très facile par temps calme, mais avec ce vent, démâter risque d'être un peu sport. Il me faut attendre vingt-quatre heures avec juste un tout petit bout de toile qu'il mollisse un peu, provoquant une situation très très inconfortable, car le bateau n'est presque plus appuyé, ça remue vraiment beaucoup. Quand le temps redevient plus maniable, la mer est encore assez agitée. Démâter ne me dit trop rien dans ces conditions non plus, d'autant qu'une fois le mât couché il faut encore dérouler la voile avec les vagues qui balaient le pont sans cesse, ce qui n'est pas l'idéal pour une séance de couture. Je dois donc réfléchir à une réparation provisoire de la voile en place : je décide d'essayer de coller des bandes de scotch en travers de la déchirure, mais à plus de deux mètres au-dessus du pont, avec le bateau qui gigote dans tous les sens. Un beau défi rigolo à relever.

Opération colleur d'affiches sur un taureau de rodéo : au bout d'un des tubes qui me sert de tangon, je fixe un petit bidon carré en plastique auquel j'ai attaché une bande de scotch par un petit jeu savant de pinces à linge retenues par des ficelles, que je peux larguer d'en bas. Puis, le tube à bout de bras, le buste sortant du capot avant, je tente de plaquer le bidon et donc le scotch sur la déchirure. Ça demande une bonne coordination de mes mouvements, car le bateau bouge sacrément. À ma grande surprise, ça marche nickel ! Bon, les bandes de scotch ne sont pas toutes très parallèles et sont un peu froissées, mais pour une réparation provisoire, ce n'est pas trop mal. (La réparation tiendra tout le reste de la traversée, soit 1 700 milles.)

C'est en passant près des Fidji que je croise le seul et unique bateau de cette étape. Il ressemble à une vedette de police ou un truc du même genre. Comme je n'émets pas de signal AIS et que j'ai bien conscience qu'un bateau tel que *Baluchon* en pleine mer a de quoi surprendre, je m'inquiète un peu d'être observé. Surtout que je n'assure pas de veille VHF – ma VHF portable a vraiment une trop faible portée, je dois économiser mon électricité et surtout j'ai horreur de faire comme certains, blablater à tout va avec tous les bateaux rencontrés juste pour raconter des niaiseries sans intérêt. Pour moi, la VHF ne sert que pour les urgences, et là il ne me semble pas qu'il y ait urgence. Mais je me méfie quand même, cette vedette a l'air officielle, et les vedettes officielles ont rarement des intentions bienveillantes, surtout envers les branquignoles dans mon genre. Il faut aussi ajouter qu'en cette période un peu étrange de Covid les attitudes sécuritaires naturelles de tous les pays, surtout les pays insulaires, sont un peu exacerbées.

J'essaie à mon tour d'en savoir un peu plus sur cette vedette, mais elle est un peu trop éloignée pour que je puisse réellement savoir de quoi il s'agit. Je me rappelle alors que j'ai une paire de jumelles à bord. Ça fait classe d'avoir une paire de jumelles, ça fait officier consciencieux sans peur et sans reproche scrutant l'horizon. Mais posséder une paire de jumelles sur un minibateau, c'est posséder l'objet le plus inutile qui soit : *Baluchon*, même par temps calme, roule tellement que je n'aperçois la vedette que quelques millisecondes dans les lentilles. C'en est tellement comique que je me moque de moi-même : ai-je tant de place que ça à bord pour m'encombrer d'un truc pareil ? Je note : « jumelles à donner ou à échanger à la prochaine escale ». Petit à petit, ma vedette disparaît tranquillement à l'horizon.

Au bout de trente-deux jours de mer, *Baluchon* et moi arrivons en vue de la Nouvelle-Calédonie, un record de lenteur pour mon vaillant petit vaisseau, qui s'est cependant comporté avec courage et détermination dans des conditions pas toujours faciles, mais avec tout de même de très bons moments de mer. Les quatre derniers jours sont les plus pénibles, avec une mer croisée bien dure, où j'ai l'impression que mon bateau est devenu le ballon d'une formidable partie de foot jouée par des géants enragés.

L'arrivée à la tombée de la nuit par le chenal de la Havanah, au sud-est de l'île, est marquée par la chance : en arrivant pile poil à marée basse, je peux bénéficier d'un courant portant pendant toute la remontée de nuit jusqu'à Nouméa. Comme quelqu'un qui se croit tout permis, à peine franchies les premières bouées du chenal, je rentre dans une tortue marine plus grosse qu'un parapluie, qui s'enfuit en battant maladroitement l'eau avec ses grandes nageoires. Même si je sais bien que les tortues ne comprennent pas le langage humain, je ne peux m'empêcher de lui envoyer un « Excusez-moi… » tout confus.

Je ne fais pas trop mon fier, car l'information circulait en Polynésie qu'à cause du Covid la Nouvelle-Calédonie était totalement fermée aux bateaux venant de l'extérieur. J'avais quand même décidé de tenter ma chance avec le risque d'être confiné à bord pendant plusieurs semaines. Continuer ma route vers l'Australie, pays anglo-saxon extrêmement tatillon avec ses frontières, n'était pas envisageable, car je courais un risque réel d'amende, d'emprisonnement et de confiscation du bateau. Je ne pouvais pas non plus retourner vers la Polynésie : remonter contre l'alizé sur 2 500 milles à bord d'un bateau de 4 mètres m'aurait pris bien trop de temps au regard de mes capacités d'embarquement en vivres et en eau douce, et, surtout, la saison cyclonique allait bientôt commencer.

Histoire d'en rajouter une couche, les démarches administratives à Tahiti ont été si complexes que je me suis complètement emmêlé les pinceaux dans les services à visiter, ce qui fait que je n'ai pas pu, encore une fois, quitter Raiatea en règle avec ma *clearance*. Bref, je suis dans mes petits souliers en m'annonçant par VHF aux autorités. Mais là encore, grâce à la bonne image de mon *Baluchon*, les démarches d'entrée se déroulent comme sur des roulettes. On me fait juste un test PCR, évidemment négatif après trente-deux jours de mer en solitaire, et moins de vingt-quatre heures plus tard je peux mettre pied à terre.

Nouvelle-Calédonie

À l'image d'un cosmonaute dans sa capsule spatiale, poussé par quelques forces centrifuges et occultes, sans même vraiment nous en rendre compte, nous avons parcouru, mon petit *Baluchon* et moi, plus de la moitié du tour du monde. Cette constatation me procure une nouvelle fois le sentiment de vivre une sorte de rêve éveillé, j'arrive à peine à y croire.

Sitôt accosté, je suis invité un peu partout à prendre un verre ou à manger un morceau ; *Baluchon* crée toujours autant l'étonnement chez les gens. Beaucoup ont déjà entendu parler de notre aventure, nous étions attendus de pied ferme chez certains d'entre eux. J'ai même droit à un petit tour en avion de tourisme pour survoler le lagon à peine une heure après mon arrivée. Comme à Tahiti, les médias locaux me sautent dessus pour me demander des interviews. Même si je commence à être un peu habitué, ça me fait quand même bizarre.

À l'origine, le but de mon voyage était de rejoindre l'Australie, où je projetais d'acheter une vieille bagnole, de fixer *Baluchon* déquillé sur le toit et de rejoindre tranquillement l'océan Indien par voie terrestre. Rien que d'imaginer mon petit bateau au milieu du bush australien, entouré de kangourous, me faisait fantasmer au plus haut point. J'en avais fait, d'un certain point de vue, le point d'orgue de ma balade autour du monde. Oui, mais voilà, depuis le début de la pandémie, l'Australie a complètement fermé ses frontières, pas moyen d'obtenir le moindre visa ; même les Australiens coincés à l'étranger ne peuvent, paraît-il, pas rentrer chez eux sans motif impérieux. Comme un peu partout dans le monde, ce virus fout un sacré bordel, et c'est peu de le dire.

Je décide donc de prolonger malgré moi mon escale en Nouvelle-Calédonie, ça me permettra de laisser la situation se décanter et d'attendre bien tranquillement la fin de la saison cyclonique. Je compte aussi profiter de l'escale pour refaire la caisse du bord en travaillant un peu. La Nouvelle-Calédonie est l'endroit idéal pour ça : ici, c'est le travail qui te court après plutôt que l'inverse.

Au fur et à mesure, et au rythme des rencontres et des visites dans l'île, j'apprends petit à petit à apprécier et comprendre ce pays magnifique, malgré le contexte politique très tendu. Je suis arrivé le lendemain même du deuxième des trois référendums pour l'indépendance : le « oui » l'a remporté de justesse, ce qui a provoqué de nombreux troubles un peu partout. Chaque fois que je suis invité quelque part, la conversation vire invariablement sur la politique, avec très souvent des propos assez radicaux dans un bord comme dans l'autre, ce qui n'annonce, à mon sens, rien de très bon pour l'avenir d'un pays.

Côté finances, la chance me sourit : une cagnotte en ligne a été organisée pour moi par une très bonne âme depuis Tahiti, avec pas mal de succès. En plus des petits boulots que je trouve à droite à gauche, ça me permet de retaper bien comme il faut la santé jusque-là fragile de mon porte-monnaie. Grâce à ces revenus providentiels, je peux offrir à *Baluchon* une nouvelle voile, un dessalinisateur manuel d'occasion, un émetteur AIS pour éviter les collisions avec les autres bateaux, ainsi qu'un carénage avec un antifouling performant. *Baluchon* commence désormais à ressembler à un vrai bateau du large. J'en profite aussi pour faire réparer ma tablette, en panne depuis deux ans, et changer le disque dur de mon ordinateur portable, et même prendre un abonnement téléphonique pour pouvoir appeler de l'étranger avec mon numéro de téléphone français.

Quelqu'un me donne aussi une mousse de bonne épaisseur pour remplacer mon matelas ; celui d'origine, une vulgaire paillasse servant à recouvrir les transats sur le bord des piscines, s'est tellement avachi qu'il ne fait par endroits plus qu'un centimètre d'épaisseur, mais, surtout, il est imprégné d'une odeur épouvantable, un mélange de sueur et de poisson pourri impossible à enlever. Le changer n'est pas du luxe. Mais trop de confort ne doit pas être très bon pour moi : sitôt ma nouvelle couchette étrennée, je me chope pendant deux jours de suite un violent mal de dos alors que je n'avais jamais eu la moindre douleur jusqu'à présent. Je ne dois vraiment pas être fait comme tout le monde.

Depuis le départ des Canaries, j'ai dépensé un peu moins de 6 000 euros, ce qui fait une moyenne d'un peu plus de 500 euros par mois. Le plus gros de la dépense a servi pour le passage de Panamá. Les autres frais se sont répartis entre les repas pris à l'extérieur, quelques verres entre potes, l'avitaillement, les frais de marina, les frais de wifi et de cartes SIM pour accéder à Internet, l'achat de bouteilles de vin ou d'alcool quand j'étais invité à dîner quelque part (il est très mal élevé paraît-il d'arriver les mains vides lors d'une invitation, et, par compassion envers mes hôtes, il est plus que préférable d'éviter de me risquer à préparer un gâteau moi-même pour le dessert).

Comme à pratiquement chaque escale, je donne pas mal de coups de main sur des bateaux amis. Je mets volontiers au service des autres mes petites compétences en bricolage, en peinture, en stratification, en travail du bois, en mécanique, en gréement et en tout ce dont on a besoin sur un bateau. J'adore aider les copains, un paradoxe pour moi qui déteste demander de l'aide et qui me suis arrangé pour réduire au maximum les problèmes et le travail à faire sur mon propre bateau.

Je tente aussi d'apprendre sérieusement à faire du bateau à voile en m'embarquant aux traditionnels entraînements de régate du mercredi soir. Ça me met presque chaque fois le moral en berne de constater que j'ai encore beaucoup de choses à apprendre et que je suis un équipier médiocre, pas vraiment fait pour naviguer en équipage ; c'est malgré tout très instructif et très enrichissant.

Même ma timidité et ma réserve naturelle semblent s'être atténuées, à tel point que je donne quatre conférences en public pour raconter mon voyage et ce sans trop cafouiller ni avoir le trac, même si j'ai eu un très grand moment de solitude lors de la dernière, devant toute la base navale de Nouméa.

Quand on m'a proposé de faire cette causerie, je n'ai pas bien capté ; dans ma tête, j'ai confondu « base nautique » et « base navale », si bien que je me voyais plutôt parler devant mes pairs : des gamins tartinés de crème solaire essayant d'apprendre la voile sur des Optimist. Mais au lieu de ça, je me retrouve devant tout un parterre de militaires qui me regardent les bras croisés et les sourcils froncés. Les trois premiers rangs comportaient tant de galons d'officier qu'on pourrait atteindre le plafond en les empilant les uns sur les autres. Un général a même fait le déplacement rien que pour m'écouter.

Ce n'est pas un public hostile, bien au contraire, mais il me revient des réflexes primaires d'ancien appelé et le souvenir du film *Full Metal Jacket*, où la seule chose que l'on doit faire en présence d'un gradé est de se raidir le plus possible et de crier « Chef ! Oui chef ! ». Pas facile de faire une conférence rien qu'avec ces trois mots… Je suis super impressionné. Dans un bref moment de panique, l'idée de m'enfuir en courant me traverse l'esprit, mais finalement tout se passe très bien, je réussis même à faire rire l'assemblée et à faire sourire le général, rien que ça ! Tout se termine autour d'un bon repas au mess très convivial.

Au bout de six mois de cette délicieuse escale, le temps est venu pour moi de larguer à nouveau les amarres. Mais, même si mon porte-monnaie a repris un peu d'embonpoint, que *Baluchon* n'a jamais été si bien équipé et que la saison des cyclones touche à sa fin, à l'ouest toujours rien de nouveau, le méchant virus bloque encore toutes les frontières, mon projet australien est en train de prendre inexorablement du plomb dans l'aile. Tant pis, ça se fera une autre fois. À part rester un temps indéterminé à m'engluer en Nouvelle-Calédonie, il ne me reste qu'une seule option pour continuer le voyage : rallier d'une seule traite l'île de La Réunion, seule étape encore ouverte sur la route du retour.

Sur le papier, ça représente tout de même près de 7 000 milles, soit plus de deux fois et demie la traversée de l'Atlantique, sans réelle possibilité de s'arrêter quelque part. Je ne me rappelle plus très bien comment m'est venue cette idée. Au début, j'ai sûrement dû la trouver un peu folle, puis petit à petit jouable, pour finir totalement réalisable.

Emporter assez de nourriture et d'eau dans mon espace restreint n'est plus vraiment un problème. Grâce à mon nouveau dessalinisateur et à un bout de bâche spécialement étudié pour récupérer l'eau de pluie, mon autonomie est désormais suffisante ; quant à la nourriture, je n'aurai cette fois qu'à me bouger un peu et tenter de pêcher quelques poissons si jamais ma réserve de boîtes de conserve et de nouilles lyophilisées venait à trop diminuer.

La seule difficulté en fin de compte est psychologique. Il suffit de tenir au moins quatre-vingts jours de mer sans réel moyen de communication avec le reste du monde, en me contentant de seulement trois positions – soit couché, soit assis sur mon étroite couchette à même le plancher, soit debout à travers le capot –, dans un bateau dont les mouvements rappellent à s'y méprendre ceux de l'intérieur d'une machine à laver en mode essorage, en me préservant moralement et sans devenir plus dingue qu'avant le départ. Mais je suis maintenant bien habitué au manque de confort de *Baluchon* et je me trouve d'assez bonne compagnie pour passer tout ce temps seul avec moi-même sans arriver à me détester. Après tout, ça devrait être une bonne expérience de sortir de ma zone de confort, il y aura forcément des moments plus durs que les autres, mais dans l'ensemble, ça risque bien d'être une belle aventure.

TROISIÈME PARTIE : L'OCÉAN INDIEN

Nouvelle-Calédonie-La Réunion, la longue route, mai-juillet 2021

Depuis plus de trois semaines maintenant, je suis invité midi et soir pour des repas ou des apéros d'adieu. Il est temps que ça se termine, je commence à prendre du ventre, mais ça permet de faire quelques réserves et de ne pas trop avoir le temps de penser à la très longue route qui m'attend.

Le matin du départ, plein d'amis sont venus sur le quai pour me souhaiter bon voyage et m'apporter des gâteaux, des bonbons ou des boîtes de sardines. Je suis très ému ; même si *Baluchon* est déjà chargé à bloc et que je commence à faire une indigestion rien qu'à la vue d'une boîte de sardines, je n'ose pas refuser.

La sortie du port et du lagon se fait tranquillement sous un petit vent pépère. Je suis accompagné par plusieurs bateaux et même pendant un temps par la vedette de la gendarmerie maritime ; sur le coup, j'ai un petit moment d'inquiétude, j'espère qu'ils ne vont pas me demander les papiers du bateau et contrôler mes équipements. Mais non, les gendarmes eux aussi ont fait un petit détour rien que pour me souhaiter bon vent.

Au sortir de la passe, je me retrouve enfin seul. J'ai une sensation de vertige quand j'ouvre la carte sur ma tablette, le trajet me paraît tout à coup complètement démesuré ; je me demande si je n'ai pas perdu le sens commun pour me lancer sur une distance pareille avec un si petit bateau. Pour couronner le tout, j'ai une très forte douleur à la poitrine. Dans un moment de délire hypocondriaque, j'imagine que je suis en train de me faire une petite crise cardiaque, pauvre chouchou ! Je sais bien que l'accueil en Nouvelle-Calédonie a été plus que chaleureux et que ça fout les boules de partir, mais de là à passer l'arme à gauche, c'est quand même un peu exagéré, d'autant que j'ai encore plein de choses à faire avant. En m'allongeant quelques heures, la douleur s'estompe peu à peu, mais je suis tout barbouillé ; ce n'est en fin de compte qu'un vulgaire mal de mer mélangé à une sorte de crise d'angoisse. Au bout de deux ou trois jours, j'arrive à prendre quelques repères et à me réhabituer progressivement au roulis incessant de *Baluchon* ; je retrouve mes innombrables petits bleus tout autour du bassin à force de me cogner contre les bords du capot.

Le pilote automatique fait son boulot bien consciencieusement, mais parfois il se met en veille. Je connais cette panne-là, c'est juste dû à un branchement électrique pas trop net. Je fais une petite inspection sur toute la ligne, en pulvérisant du nettoyant contact et en grattouillant les connexions, mais ça recommence de plus en plus souvent, bizarre comme truc ! Je vérifie alors les batteries et là, horreur ! L'une dépasse à peine 11 volts et l'autre 11,5, ce n'est pas ce qu'on peut appeler la grande forme pour des batteries. Pourtant, les deux petits panneaux solaires ont l'air de débiter de l'électricité, elles ne devraient pas être si vides. En essayant de les charger une par une, je constate que celle de 11 volts ne charge plus ; l'autre arrive péniblement à 12 volts après toute une journée de charge, pour redescendre tout doucement pendant la nuit alors que rien n'est branché dessus. Bref, elles sont carrément mortes. C'est comme ça chez les batteries ! Quand l'une claque, l'autre, par solidarité, claque aussi ; c'est beau et noble, mais moi, ça ne m'arrange pas du tout, j'ai encore près de 6 800 milles à parcourir avant le prochain magasin de batteries !

Pendant un instant, j'envisage de faire demi-tour vers Koumac, une petite ville au nord de la Nouvelle-Calédonie, qui n'est encore qu'à vingt-quatre heures de navigation. De là, en seulement quelques heures de car, je pourrais rejoindre Nouméa et m'acheter une nouvelle batterie, facile ! Mais rien que l'idée de rebrousser chemin me rebute au plus haut point. Non ! Pas question de revenir en arrière, cap à l'ouest, coûte que coûte !

Il faut juste trouver un moyen pour faire naviguer *Baluchon* tout seul, le reste pourra très bien se faire sans électricité. Depuis mon départ de France, j'annonçais crânement à qui voulait l'entendre que mon bateau était si bien conçu et équilibré qu'il pouvait tout à fait naviguer sans pilote ; c'est le moment de le prouver ! J'essaie plein de petites astuces délirantes, mais rien n'y fait, *Baluchon* n'arrive pas à garder son cap plus d'une demi-heure avant qu'une vague ou une bourrasque ne le fasse dévier de sa route. Ça me contrarie un peu.

Il faut absolument que je bricole un régulateur d'allure de fortune. Il me faut pratiquement une journée de réflexion pour imaginer une sorte de grosse girouette fabriquée avec le peu de matériel que je possède à bord, qui agira sur la barre quand le bateau déviera de cap par rapport au vent. Une vieille chute de contreplaqué trouvée dans une poubelle en Guadeloupe, que je gardais depuis sous mon matelas dans le but de faire face à une éventuelle voie d'eau, un bout de tuyau PVC prévu pour manchonner mes deux tangons afin de me fabriquer un mât de fortune, ma gaffe coupée en deux ainsi qu'une grosse bobine en plastique servant à enrouler les lignes de pêche suffisent à me construire un semblant de pilote aérien. Au début, je suis un peu sceptique quant à l'efficacité de ma girouette, je me mets en tête qu'il me faudra plusieurs jours de bidouillage pour trouver un résultat à peu près correct, mais qui n'essaie rien n'a rien. Miracle ! Au bout du deuxième essai, la girouette fonctionne à la perfection. C'est tellement étonnant que je reste presque une heure comme un nigaud à regarder hypnotiquement cette installation de bric et de broc barrer parfaitement.

Bien sûr, ça demande un peu de subtilité dans la tension des drosses, et il faut que la voile soit impérativement réglée au quart de poil, mais l'ensemble fonctionne en silence et avec efficacité, c'est quasiment magique ! Je décide de baptiser la girouette « Bébert » (un clin d'œil à mon copain Bébert de Bretagne, qui, lui, ouvre tout le temps sa gueule et est totalement inefficace). J'essaie d'améliorer un peu le système, mais, comme toujours, le mieux est l'ennemi du bien, ça marche moins bien, je remets le tout comme au départ et me jure de ne plus toucher à rien tant que ça fonctionnera.

Je reprends mon chemin serein, laissant à la batterie la moins faible le fonctionnement du détecteur AIS ; ça tiendra le temps que ça tiendra… J'ai un feu de navigation de secours à piles que je pourrai utiliser si je croise un autre bateau. Pour ma tablette et ma liseuse, je les charge directement au cul d'un des panneaux solaires ; même si ça met beaucoup plus de temps que sur la batterie, ça marche parfaitement. Ça aurait été vraiment trop bête de faire demi-tour pour si peu.

En arrivant, une vingtaine de jours plus tard, à l'entrée du détroit de Torres, entre la Papouasie-Nouvelle-Guinée et le nord de l'Australie, le temps jusque-là gris et maussade se met au beau, le ciel devient tout bleu et la mer turquoise. J'en profite pour faire sécher mon matelas et l'intérieur du bateau. Depuis une bonne semaine, la mer était devenue assez vicieuse et roublarde, m'envoyant des paquets de mer en veux-tu en voilà, surtout quand j'avais besoin de sortir la tête du capot pour régler Bébert, ce qui me donnait chaque fois la joie de prononcer quelques jurons bien dégoulinants. L'intérieur de *Baluchon* est trempé, poisseux et saturé de sel, ça pue le moisi, la sueur, la pisse et le poisson pourri, et je n'ai plus de vêtements secs, c'est pas vraiment la joie.

Deux oiseaux de mer, une sorte de mouette et un spécimen brun un peu plus petit, nous accompagnent pendant deux jours. Chacun occupe un bout des tangons à poste de chaque côté du bateau qui me servent à écarter la voile, c'est un peu comique de les voir battre des ailes à chaque coup de roulis pour tenter tant bien que mal de garder l'équilibre. Juste au moment où je me fais la réflexion que ces deux volatiles doivent être un peu idiots pour se mettre dans ces positions inconfortables alors qu'il y a des îlots bien stables un peu partout autour, je me rends compte que je suis la dernière personne au monde à pouvoir me permettre de porter un jugement pareil.

Le détroit, avec ses innommables récifs et ses courants sournois, se montre très indulgent envers moi, avec un petit vent modéré. J'avais fixé la date de mon départ de Nouvelle-Calédonie afin d'arriver ici au moment de la pleine lune, ce qui fait que je distingue parfaitement les récifs et les îlots en pleine nuit.

Mais depuis Nouméa, ce que je redoute le plus dans la zone australienne est la réaction des garde-côtes. J'en ai entendu, des histoires sur ces fameux garde-côtes ! Des trucs de dingue, du style « Tu peux avoir une amende de plusieurs millions de dollars voire faire un séjour en prison juste parce que tu t'es trompé d'un numéro dans l'adresse de ton hôtel ou que tu as oublié une pomme de ton déjeuner dans ton sac à dos ». Bref, pour un client dans mon genre, avoir affaire à des gens légèrement trop stricts m'inquiète un peu, d'autant que d'après ce qu'on m'a dit des avions des douanes survolent la zone du matin au soir pour te poser sans cesse une liste de questions longue comme le bras. Moi qui déteste causer à la radio, ça s'annonce mal.

Quand j'aperçois mon premier avion de contrôle, cela fait déjà vingt-quatre heures que je zigzague bon an mal an parmi tout un tas d'îlots coralliens. J'ai bien préparé ma VHF portable ainsi qu'un petit papier où j'ai écrit plein de choses censées intéresser des douaniers : ma date de naissance, la pointure de mes chaussures, le nom de jeune fille de ma grand-mère ou la couleur de mon caleçon. Je me racle bien la gorge en attendant fébrilement. Quand l'appel vient, le douanier à l'autre bout est très courtois, il me demande juste d'où je viens et où je vais comme ça dans mon petit *vessel*. Il me demande aussi la taille de mon bateau, et quand je réponds, j'entends de grands « Wouah ! » et des rires dans la cabine de l'avion. L'opérateur me souhaite alors bon voyage dans mon « *incredible* aventure ». Quand l'échange est terminé et que l'avion s'est éloigné, je me retrouve tout chose et tout ému. Sacré *Baluchon* ! Rendre sympathiques des hommes passant pour les plus psychorigides du monde, c'est pas donné à tout le monde, quand même !

Malgré le manque de sommeil et la fatigue, je passe petit à petit et assez facilement le labyrinthe de Torres, jusqu'à frôler l'île Hammond, juste à côté de l'île du Prince-de-Galles, tout au nord de l'Australie. En fait, il n'est pas vraiment nécessaire de descendre si près de la côte, mais j'ai en tête de pouvoir capter le réseau téléphonique australien, histoire d'envoyer quelques nouvelles. Bingo ! ça marche, je reçois un SMS : mon opérateur téléphonique m'accompagne en Australie (sympa !). J'envoie quelques messages, mais je n'arrive pas à capter Internet. Pas grave, j'essaierai de m'approcher à nouveau de la terre plus tard ; pour l'instant, il fait nuit et je suis naze, j'entreprends de poursuivre la dernière partie du chenal.

Je croise trois gros cargos à la queue leu leu ; nos routes se coupent d'un peu près, c'est vrai, mais j'ai assez de vent pour manœuvrer et les éviter. Les cargos, eux, ont l'air un peu sur les nerfs ; deux d'entre eux actionnent leurs sirènes comme de gros tarés, semblant me dire « Dégage de là, connard ! ». Je suis le seul autre bateau dans le coin et je le prends pour moi. Comme par hasard, juste à ce moment-là, Internet se met à fonctionner sur mon téléphone, qui envoie des dizaines de bips de notifications. Vingt jours d'abstinence numérique et ça déclenche autant d'alarmes que sur un avion de ligne en détresse, et ces putains de cargos qui recommencent leur cinéma avec leurs sirènes, tous ces bruits me stressent à mort, à tel point que je suis à deux doigts de sortir ma VHF pour « prier » ces klaxonneurs de mes deux de fermer leurs grandes gueules !

Finalement, je fais un grand détour pour éviter ces mauvais coucheurs et pour me calmer un peu. Je dois être vraiment crevé pour me mettre dans un état pareil, il faut absolument que je me repose et que je reprenne des forces dans les prochains jours, d'autant que j'en suis à peine à un quart du trajet.

J'arrive quand même à envoyer un post sur ma page Facebook et quelques messages personnels. Je parcours mes e-mails en vitesse : rien d'important pour moi, j'éteins vite le téléphone et reprends mon cap à l'ouest.

Quelques heures plus tard, je suis enfin sorti du détroit. Je me fais une bonne plâtée de nouilles lyophilisées avec une tonne de fromage en poudre et m'allonge pour un bon roupillon, mais, en réglant l'alarme pour quarante minutes de sommeil, j'oublie de l'activer, et je me réveille presque quatre heures plus tard, en plein jour, au beau milieu d'une zone infestée de cargos. Pas vraiment prudent comme attitude… La prochaine fois, il faudra mieux gérer mon sommeil et les retours, même momentanés, à l'approche du monde des hommes.

La suite, la traversée de la mer d'Arafura et la mer de Timor, qui consiste à longer tout le nord de la côte australienne, se révèle aussi ennuyeuse que navrante. Ennuyeuse, car le vent faiblard et toujours arrière m'oblige à tirer de grands bords à la vitesse d'un bigorneau. Navrante, car la mer est quasiment recouverte de déchets plastiques – c'est la première fois depuis mon départ que j'en croise autant ; l'être humain est vraiment un sacré sagouin, quand on y pense. Tout cela ajouté à la déception de ne pas pouvoir m'arrêter en Australie, point d'orgue initial de mon voyage, rend cette partie de l'étape très longue et très morose.

Pour me consoler, en passant au large de Darwin, je me rappelle le roman de Douglas Kennedy, *Piège nuptial.* C'est peut-être une bonne chose, après tout, cette pandémie, car dans l'affligeant état de manque de douceur féminine dans lequel je me trouve, j'aurais moi aussi été tout à fait capable de prendre cette autostoppeuse complètement maboule en plein milieu du bush australien.

Autre point positif : je suis en permanence sous des ciels d'une beauté à tomber par terre, les levers et couchers de soleil sont époustouflants. Ça ne compense évidemment pas le fait de naviguer sur une mer de plastique dégueulasse, mais ça met quand même un peu de poésie dans le paysage.

Au bout d'une vingtaine de jours, j'arrive enfin à atteindre l'océan Indien. Le manque de vitesse est à deux doigts de me rendre fou, j'en suis presque à réclamer un peu de vent à cor et à cri. Mon royaume pour de l'alizé !

Ah, tu veux du vent, mon petit père !? Attends un peu ! À peine 100 milles après le point le plus à l'ouest de l'Australie, le vent vire enfin au sud-est, chouette ! Mais cette fois, ce n'est pas de l'alizé de fillette comme dans le Pacifique, c'est bien plus musclé. Le vent, pendant presque tout le reste du parcours, va rester aux alentours des 30 ou 35 nœuds, ce qui commence à être beaucoup pour un bateau de 4 mètres. Mais je sens mon petit *Baluchon* dans son élément, content de lutter contre la mer et le vent. Les moyennes journalières descendent rarement en dessous des 100 milles malgré l'état de la mer, chaotique. Quelquefois, quand le vent mollit et atténue un peu les vagues, j'arrive à parcourir jusqu'à 120 milles dans la journée, ça change de mes piteuses moyennes australiennes.

En dépit du manque de confort extrême, je suis moi aussi super heureux d'être là – je n'échangerais ma place pour rien au monde.

Pour donner un ordre d'idées des conditions de navigation, il faut s'imaginer coincé dans un bobsleigh qui dévalerait une piste noire de ski de près de 6 000 kilomètres préalablement pilonnée par l'artillerie d'une armée teutonne en grande forme. Plusieurs fois par jour, *Baluchon* reçoit des claques monumentales qui l'envoient direct au tapis ; il s'ensuit alors un court moment de silence avant qu'il ne se redresse face au vent. Le minuscule bout de voile en place se met alors à faseyer comme un alcoolique breton atteint de la maladie de Parkinson, provoquant des vibrations délirantes dans tout le bateau, puis Bébert remet petit à petit sur son cap *Baluchon*, qui repart de plus belle affronter les vagues suivantes. J'arrive à développer une sorte de sixième sens : dès que je sens qu'on va se prendre une nouvelle trempe et se coucher, je mets immédiatement les pieds au plafond, ce qui m'évite de me faire éjecter de ma couchette. Tous les objets qui ne sont pas parfaitement amarrés sont également catapultés sous les coups de boutoir. C'est de cette façon que mon précieux couteau suisse, ma lampe frontale et mes lunettes de lecture valdinguent plus d'une fois dans l'« immensité » de la cabine. Je mets chaque fois des plombes pour les retrouver en fouillant partout dans le bateau qui secoue comme un dément.

Coincé comme je peux sur ma couchette, j'essaie tant bien que mal de continuer à mener un semblant de vie

« normale ». Je passe mon temps à rêvasser, lire, manger froid et dormir. Quand j'arrive à avoir suffisamment d'électricité pour ma tablette, je mets en boucle *La Grange*, mon morceau préféré de ZZ Top ; je trouve que ce bon vieux rock basique s'accorde parfaitement aux conditions et au rythme de cette traversée.

Le secret pour garder sa bonne humeur est de se dire que ça va forcément se calmer demain ; c'est aussi, je présume, le secret des couples qui durent. Je fais et refais également plusieurs fois par jour le Rubik's Cube que Rebecca m'a offert en partant de Polynésie ; j'arrive enfin à pouvoir penser à elle sans avoir le cœur qui se vrille sur lui-même. Qu'est-ce que j'ai pu être mordu pour cette fille !

Au niveau lecture, je termine péniblement *Voyage au bout de la nuit*, de Céline : trop noir et trop déprimant pour moi ; puis des Giono : pas mal, ça me change de mon univers aquatique, les histoires d'hommes de la terre. Je relis aussi *Le Vieil Homme et la mer*, avec la même question que lorsque je l'ai lu pour la première fois, à 11 ans : pourquoi diable le vieil homme, pendant qu'il avait encore son couteau, n'a-t-il pas débité le maximum de morceaux de l'espadon avant de tout se faire piquer par les requins ? Suis-je devenu trop terre à terre pour les allégories sociales ? Je remets aussi sur le tapis Baudelaire, mais cette fois j'essaie de lire à haute voix : debout, le buste sortant du capot, recevant quelquefois des paquets de mer en pleine gueule, je déclame les vers à l'océan, à quelques poissons volants et à des oiseaux de mer qui ont l'air de s'en foutre complètement ; c'est peut-être ça, le secret de la poésie, il faut être debout et avoir un public… Mais pour être honnête, même si c'est beaucoup mieux qu'avant, je suis encore loin du syndrome de Stendahl. Lire de la poésie sur une liseuse électronique n'est pas adapté ; chose à faire à la prochaine escale : « se procurer une version papier des *Fleurs du mal* ».

Je m'essaie également à la philosophie, histoire de ne pas trop passer pour un ignare si je croise un jour un intello. J'attaque Nietzsche, mais c'est totalement incompréhensible pour moi ; j'ai beau relire deux, trois, quatre fois la même phrase, je ne capte que dalle – pire, quand j'arrive à entrevoir un sens, à la deuxième lecture, je comprends totalement l'inverse. Mais qui peut lire ce genre de texte ? J'abandonne au bout d'une dizaine de pages et me rabats sur des recueils de nouvelles de Bukowski – ce type est un génie.

En passant au large de l'île Rodrigues (complètement fermée elle aussi à cause du Covid), à 450 milles de l'arrivée, je m'approche de la côte pour capter le réseau téléphonique. J'écris juste un post et envoie un message par Internet, et je reçois immédiatement une facture de 50 euros ! Bim ! prends ça dans les dents ! J'éteins illico mon téléphone sans demander mon reste. C'est sans doute le prix à payer pour pouvoir donner des nouvelles… A priori mon tracker n'envoyait plus de signal depuis un bon moment, ça devrait rassurer la famille et les potes.

En vue de l'île de La Réunion, au bout de soixante-dix-sept jours de mer, je suis bien content, j'ai vraiment repoussé mes limites et beaucoup appris sur moi-même et sur la mer pendant cette très longue étape. Certes, il y a eu pas mal de journées bien galère, mais dans l'ensemble, à part l'épisode des batteries, je n'ai pas rencontré de problème technique, j'ai eu assez de nourriture et d'eau, en récupérant, en plus des 110 litres embarqués au départ, une trentaine de litres d'eau de pluie, plus une dizaine avec le dessalinisateur manuel.

En longeant la côte sur les derniers milles, mon téléphone se met à capter le réseau français pour la première fois depuis vingt mois. Je reçois un SMS : « En ce moment, – 25 % sur les plaquettes de frein chez votre distributeur *machin.* »

Ma batterie 1 est définitivement morte, et la 2 affiche suivant son humeur entre 7 et 8 volts.

Arrivée au port à la godille. Il y a pas mal de monde sur le quai pour m'accueillir, c'est la première fois depuis le début de mon périple que ça m'arrive. Quelqu'un agite même un drapeau breton, c'est trop sympa ! Mais dès que je mets les pieds sur le ponton, mes jambes me répondent à peine, j'ai un mal fou à marcher droit, ça fout un peu la honte, tout le monde doit penser que je suis complètement bourré et que j'ai abusé de la mignonnette de rhum qu'on m'a offerte au départ. Quelle mauvaise image de la Bretagne je dois donner !

Dès les formalités portuaires et douanières effectuées, plein de gens font la queue sur le ponton pour venir me parler ou pour m'apporter de quoi boire ou manger, ça me fait tout drôle après tout ce temps seul en mer.

La Réunion

Contrairement à l'idée initiale que je m'étais faite de mon voyage, qui était de me balader discrètement autour du monde, pendant cette escale à La Réunion, j'ai encore une fois droit à ma dose de notoriété. À l'instar de mes précédents arrêts, je suis à nouveau abordé avec amitié et admiration par tout un tas de gens. Cela m'interpelle encore une fois, mais comme je commence à avoir un peu de recul sur cette pseudo-popularité, je tente d'analyser plus profondément ce phénomène. Assurément, la taille de *Baluchon* y est pour beaucoup. Au début, je me suis même demandé si les gens ne voyaient pas en moi une sorte de Diogène des temps modernes, qui, au lieu de vivre dans une jarre à grain, vivait depuis plus de deux ans déjà dans une caisse en contreplaqué. À première vue, cela n'avait rien de très reluisant, du moins pas au point de provoquer tant d'enthousiasme. D'autres voyaient peut-être aussi en moi une sorte de dingue, le genre de mec capable de partir à l'assaut des océans, dans des conditions de confort frôlant le masochisme, armé simplement de sa bite et son couteau.

Dingue ?! Oui, sûrement, car même si la majeure partie des gens m'ayant interpellé avaient l'air tout à fait normaux, comme la règle générale veut que les dingues attirent les dingues, bon nombre d'orignaux sont aussi venus spontanément à moi. La palme revient sûrement à ce brave monsieur avec lequel j'ai discuté sur un quai pendant plus d'une heure (pour être exact, c'est plutôt lui qui parlait et moi qui écoutais poliment), qui m'a révélé on ne peut plus sérieusement que le monde est dirigé par des extraterrestres auxquels il faut à tout prix résister ; à la fin de son discours, mon bonhomme m'a quitté en me serrant très fort le bras et en m'implorant de ne surtout pas me faire vacciner contre le Covid. « C'est le moyen qu'ils ont trouvé pour nous contrôler ! » a-t-il ajouté, apeuré, en pointant un doigt vers le ciel.

Une autre fois, un individu est arrivé spécialement pour me montrer un cahier d'écolier entièrement griffonné, avec plein de schémas accompagnés de formules mathématiques compliquées, ainsi que des plans d'une étrange minimaison censée protéger des ondes électromagnétiques, principale source des cancers du cerveau d'après lui. Pendant toute sa démonstration, il a fumé cigarette sur cigarette ; visiblement, le cancer du poumon lui semblait préférable à celui du cerveau.

J'ai encore en réserve tout un tas d'anecdotes invraisemblables démontrant que, parfois, l'esprit humain est doté d'étranges aptitudes à s'opposer à la réalité, du moins à un bon sens de base. Pour n'en relater que quelques-unes, une fois, j'ai reçu un message assez déconcertant d'un candidat navigateur qui me demandait poliment les plans de *Baluchon* pour construire un bateau identique, et qui finissait par : « Pensez-vous qu'il soit possible de charger une moto à l'intérieur ? » Là, je n'ai pas su vraiment quoi répondre. Une autre fois, quelqu'un m'a questionné pour savoir s'il était faisable d'après moi de modifier une petite voiture sans permis pour en faire un bateau comme le mien. Ce message un peu étrange m'a sincèrement touché en même temps qu'il m'a fait sourire : il faut vraiment un bon sens de la poésie ou un imaginaire d'enfant pour avoir une idée pareille !

Paradoxalement, tous ces échanges un peu surréalistes m'ont permis de me rapprocher de l'humanité, de constater que je ne suis pas le seul sur terre à avoir un point de vue décalé. Ils m'ont aidé à beaucoup mieux assumer mon statut d'excentrique et ma façon originale d'aborder les problèmes.

En lisant le titre un peu racoleur d'un article retraçant mon voyage dans une revue nautique bien connue, j'ai peut-être trouvé une autre explication à l'engouement que mon voyage provoquait chez les autres : « Libre comme Yann ». C'est de là que j'ai commencé à me dire que l'image que je donne est aussi celle d'un type qui a réussi à se débarrasser des conventions sociales. Je ne vise aucun record, mon bateau est à l'opposé de tout ce qui se fait en matière de voiliers, j'ai conçu et construit *Baluchon* sans l'aide de personne, presque sans moyens, je suis libre, c'est vrai, du moins je n'ai aucun compte à rendre à personne, même s'il est probable que la liberté totale n'existe pas vraiment, à moins d'en payer le prix fort. Mon voyage suscite sans doute l'esprit d'aventure, peut-être autant que les courses sur des bateaux high-tech, ou même sur des bateaux de voyage représentant parfois le prix d'une maison.

Vivant dans ma bulle à me regarder le nombril depuis trop longtemps, je ne m'étais jamais vraiment rendu compte à quel point beaucoup de gens sont aussi enfermés malgré eux, et ont soif d'évasion et d'autonomie. Je suis peut-être devenu une sorte de preuve vivante que s'arracher de la société des hommes, du travail, de l'argent et de tout un tas de servitudes est possible. Ce rêve d'évasion est sans doute même un des rêves les plus communs de l'humanité. Une fois intégré le fait que les gens me donnent beaucoup en venant spontanément à moi, mais qu'en retour je donne aussi quelque chose, j'ai décidé d'arrêter de me prendre le chou, de me complexer et de me sentir redevable.

Je me rends compte que ce voyage n'est pas comme je l'ai imaginé au départ, c'est vrai, il est plus formidable encore ! Pendant les traversées, je peux me fondre dans la solitude la plus totale, mais dès que j'arrive à terre, les autres m'aident à créer une sorte de passerelle entre mon monde et le leur, permettant des échanges réciproques, ce que je n'avais jamais envisagé jusqu'à présent. Bien sûr, cette passerelle dérisoire ne changera pas la face du monde, il est peu probable que je devienne d'un coup quelqu'un d'extraverti avec autant de bagout qu'un vendeur de fenêtres ou de polices d'assurance. Peu probable également en retour qu'une des personnes que j'ai croisées décide de construire une caisse à savon pour partir à l'aventure vers l'horizon. Ces escales auront été juste des moments délicieux de partage, des moments qui m'auront quelque part enrichi et qui sans doute auront fait du bien aussi aux autres.

Pour en revenir à cette agréable escale à La Réunion, dont le charme est indéniable, je passe là aussi de très bons moments. J'essaie de me remplumer bien comme il faut en reprenant un peu du poids que j'ai perdu pendant la traversée. Je prends mes habitudes pas très loin de la marina, dans une petite gargote proposant pour pas cher des plats typiquement réunionnais accompagnés de rougails bien relevés, un vrai régal.

Contrairement à la Nouvelle-Calédonie, où j'avais ressenti des tensions communautaires exacerbées, ici, on est à la croisée des cultures : toutes les couleurs de peau, toutes les religions et toutes les opinions du monde semblent vivre en bonne intelligence, dans une ambiance nonchalante et tout à fait charmante. À mon avis, le seul petit désagrément de l'île est la forte densité de la population, qui entraîne une pression foncière énorme ainsi que son lot complètement effarant d'embouteillages quasi permanents. Un autre point un peu embêtant pour les navigateurs est que l'île ne possède presque pas de lagon et pratiquement aucun mouillage totalement sûr, si bien que l'on est obligé de laisser son bateau dans une marina.

Prolonger longtemps son escale à La Réunion demande donc des moyens financiers conséquents. À mon arrivée sur l'île, j'avais prévu d'attendre tranquillement deux ou trois mois le début de l'été austral, meilleure période pour rejoindre l'Afrique du Sud, de me la couler douce et de profiter à fond de l'île et des nombreuses randonnées dans les montagnes réunionnaises. Mais c'était sans compter le coût de la vie complètement exorbitant, commun à toutes les îles françaises du bout du monde. Malgré le fait de limiter mes dépenses au strict nécessaire, le petit pécule acquis en Nouvelle-Calédonie commence déjà à fondre comme la neige sous le soleil tropical. Comme il me reste encore un an de voyage et presque 10 000 milles à parcourir avant de rentrer en Bretagne, je vais devoir anticiper rapidement mon départ pour rejoindre l'Afrique du Sud, où les prix sont beaucoup plus abordables. Mais, comme à son habitude, la chance me sourit encore une fois : Benoît, qui suivait mon voyage depuis plusieurs mois, me propose spontanément du travail dans sa voilerie sur le port ; Régis, gérant d'une société locale d'automatisme, m'offre généreusement une nouvelle batterie pour *Baluchon* ; et Jacques, le patron de la société SOS Pare-brise +, qui se promenait sur mon ponton, séduit par mon projet, me propose également une aide financière bienvenue. Dans le cadre de mon travail à la voilerie, j'ai même l'occasion de me rendre en avion à Mayotte ; malgré un trop court séjour et peu de temps pour la visiter, cette île m'a séduit.

Tout semble encore une fois se mettre en place comme par magie pour que mon voyage aboutisse dans les meilleures conditions. Malgré ma résolution de ne plus trop y prêter attention, la sympathie et la générosité provoquées par mon petit *Baluchon* m'étonnent encore chaque fois.

Quant à *Baluchon*, ma foi, il est toujours plutôt en forme malgré ses 20 000 milles au compteur – juste quelques petites cicatrices, des éraflures sans importance ; les retouches de peinture pourront largement attendre notre retour en France. Je lui trouve toujours aussi fière allure, mon petit baroudeur ; ça me fait chaque fois chaud au cœur de le voir amarré au milieu des autres bateaux qui font pratiquement tous près de trois fois sa taille. À part lui donner une batterie neuve, un coup de lasure sur ma godille, et la fabrication d'une version 2.0 d'une nouvelle girouette de barre, je n'ai pas vraiment besoin de lui consacrer beaucoup de temps.

Je tente aussi d'améliorer mon système anticollision, qui, il faut bien le dire, n'était pas du tout au point. Au départ de France, comme je l'ai déjà dit, je m'étais acheté un petit boîtier qui déclenchait une alarme dès qu'il captait un signal AIS, ce qui me permettait d'être informé qu'un autre bateau était en train de naviguer dans mon secteur, et donc de manœuvrer pour l'éviter au cas où nos routes se croisaient d'un peu trop près. En revanche, personne ne pouvait me voir, vu que de mon côté je n'émettais rien du tout. Grâce à ma bonne fortune, pendant l'escale en Nouvelle-Calédonie il y a plusieurs mois, j'ai pu m'acheter un autre petit appareil qui, lui, pouvait envoyer un signal avec les caractéristiques de *Baluchon*.

En gardant mon premier détecteur, j'allais être informé comme avant de la présence de bateaux dans les environs, mais dorénavant j'allais en plus pouvoir être repéré. Or mon plan, que je trouvais particulièrement futé, s'est en fait révélé complètement crétin : certes, mon émetteur envoyait bien un signal, mais mon récepteur, qui ne faisait que son boulot, n'arrêtait pas de déclencher son alarme, même s'il n'y avait pas d'autres bateaux dans le coin. Il m'a fallu un certain temps pour comprendre que j'étais en train de m'autodétecter, et ça, ça ne m'était d'aucune utilité, car même si on m'avait plusieurs fois fait remarquer par le passé que j'étais toujours complètement à côté de mes pompes, je savais quand même grosso modo où je me trouvais et j'avais peu de chances d'entrer en collision avec moi-même.

Donc, au départ de Nouméa, au lieu de voir *et* être vu comme je l'aurais voulu, je ne pouvais que voir *ou* être vu. Comme je ne pouvais pas faire confiance uniquement aux autres bateaux pour qu'ils évitent de me rentrer dedans, la prudence m'a conduit à garder mon système initial pour éviter les collisions, sans utiliser mon émetteur tout neuf. (En fait, mon émetteur aurait très bien pu faire office de détecteur si je l'avais branché à un lecteur de carte ou à un ordinateur allumé en permanence, mais ce n'était pas du tout compatible avec mon objectif de sobriété et de simplicité.)

Je profite donc de l'escale à La Réunion pour m'acheter un troisième petit boîtier, qui, lui, détectera les ondes radar des autres bateaux. Il devrait me prévenir dès qu'un bateau pourvu d'un radar en marche naviguera alentour, et aussi me permettre de brancher mon émetteur AIS en continu et d'enfin voir *et* être vu.

Bref, *Baluchon* est maintenant plus que paré, tout comme je le suis à m'attaquer à la dernière partie de l'océan Indien.

Traversée La Réunion-Afrique du Sud, octobre-novembre 2021

Le matin du départ, c'est un peu l'effervescence sur le quai. Pas mal de gens sont venus me dire au revoir ; deux d'entre eux se sont ramenés avec une cornemuse, une caisse claire et un énorme *Gwenn ha Du* (le drapeau breton). Dès le petit matin, de la musique bretonne résonne sur les quais. Ça me fout une chair de poule pas possible, et ça rameute encore plus de monde ! Encore une fois, ce départ ne se fera pas sous le signe de la discrétion.

Je ne suis pas en grande forme : deux jours plus tôt, j'ai été victime d'un guet-apens amical (mais néanmoins sournois) au rhum arrangé ; je me suis retrouvé comateux au petit matin sous un toit que je ne connaissais pas, avec seulement de très vagues souvenirs du déroulement de la soirée précédente. Malheureusement, je ne me suis pas réveillé comme je l'aurais aimé, avec une jolie petite métisse créole à mes côtés, mais j'ai quand même partagé le bout de matelas qui m'a servi de lit avec de charmantes araignées ou des bestioles dans le même genre, qui, en guise d'affection, m'ont boulotté un pied pendant la nuit (heureusement, elles se sont arrêtées au pied !). Il est devenu violet et tout gonflé, et comme j'avais éclaté les grosses cloques provoquées par les morsures en les grattant inconsciemment dans mon sommeil, tout le dessus de mon pied était à vif. En plus des kangourous qui jouaient au rugby dans mon crâne, je marchais en boitillant à cause de ce foutu pied que je n'arrivais même plus à rentrer dans ma chaussure.

Rien que le mot « rhum » me foutait la gerbe, ce qui fait que la soirée d'adieu organisée le soir même avec les copains d'*Orialis* (un voilier en aluminium croisé en Polynésie qui compte partir le même jour que moi) a été bien plus sobre. Malgré ça, ce matin je suis encore bien vasouilleux, je manque sérieusement d'entraînement. La sociabilisation, ça a sûrement du bon, mais visiblement il est temps pour moi de repartir, j'aurai tout le temps de me reposer en mer.

Les terriens ne comprennent pas toujours très bien les problèmes des marins à voile. On m'avait à maintes reprises demandé à quelle heure je comptais larguer les amarres. Je répondais invariablement : « Dès que le vent soufflera », ça faisait marrer tout le monde. « Non mais sérieux, à quelle heure ? » Beaucoup voulaient être présents pour mon départ. J'ai alors précisé une heure au hasard, vers 10 heures, en espérant que le vent soit dans le bon sens pour que je puisse sortir du port à la voile. Dans cette partie ouest de l'île, l'alizé perturbé par le dévent de la montagne n'est pas vraiment stable en direction. Pas de bol, dix minutes avant le départ, le vent léger jusqu'ici idéal pour quitter le quai a viré de 180 degrés et a fraîchi d'un coup.

Tout le monde attendait de me voir partir, comme on voit partir le train de 10 h 03. Normalement, comme au temps où les bateaux n'avaient pas de moteur, il aurait fallu attendre qu'Éole fasse moins son intéressant pour pouvoir quitter le quai. Tant pis, je vais être obligé de sortir la godille pour ne pas décevoir tous ces braves gens – la ponctualité est paraît-il la qualité première des rois. Un peu d'exercice ne va pas me tuer non plus. Le vent est un peu fort, ce qui fait que j'avance à très faible vitesse ; c'est assez sympa d'ailleurs, car les potes marchent tranquillement le long du quai à ma hauteur et on taille le bout de gras comme si de rien n'était.

Arrivé dans la grande darse d'entrée du port, je peux enfin dérouler la voile et tirer quelques bords. Tout un tas de gamins sont là à apprendre à faire du kayak sur le plan d'eau ; on échange quelques mots. La monitrice, charmante, leur explique que j'arrive de Nouméa et que je pars pour l'Afrique du Sud. Visiblement, aucun de ces lieux ne dit rien à ces marmots. « On peut vous accompagner, monsieur ? »

À ce moment-là, une bonne bourrasque me tire pour de bon du port. Je fais des grands signes aux gamins et aux copains sur les quais. J'essaie tant bien que mal de retenir une petite larme. Adieu, La Réunion ! Quelle sacrée escale ça a été !

Mais ça fait du bien aussi de reprendre la mer, je suis tout euphorique et je sens mon petit *Baluchon* impatient de retrouver le large. Le trajet, cette fois, consiste à contourner Madagascar par le sud et ensuite à tracer plein ouest vers le port de Richards Bay, en Afrique du Sud, soit une petite étape de seulement 1 500 milles. Madagascar aurait sûrement été aussi une chouette escale, mais le pays, comme encore une bonne partie de la planète, est toujours fermé à cause de ce foutu Covid. Depuis un an et demi maintenant, c'est le virus qui détermine les itinéraires et les pays à visiter.

La première semaine, le vent n'est pas au rendez-vous, c'est tout mollasson. Même si, habituellement, le manque de vent m'énerve un peu, cette fois je plonge avec délectation dans une sorte de rêverie permanente ; parfois, je laisse même *Baluchon* aller à son rythme sans vraiment régler la voile d'une manière optimale. On arrivera quand on arrivera, y a pas le feu au lac non plus !

Sans doute pour conjurer la chaleur et le manque de vitesse, je rêve des heures durant que je dévale de grandes vallées couvertes de neige sur un traîneau tiré par des chiens esquimaux, ensuite que je fends des bûches de bois devant une cabane en rondins. Je rêve tellement vrai que je suis à deux doigts de me souffler dans les mains pour me réchauffer. Bizarrement aussi, je rêve que je suis au Japon, en kimono de soie, à boire du thé. Je ne sais pas si j'aimerais vraiment habiter un pays surpeuplé et sociabilisé à l'excès, mais le raffinement et la culture nipponne ne seraient pas sans me séduire. Je note dans ma liste des choses à faire avant qu'il ne soit trop tard : « visiter le Japon » (à la suite bien sûr de balades en traîneau à chiens et de cabanes dans le Grand Nord et aussi de tout un tas de trucs rigolos).

Je me lance également dans un exercice que j'affectionne tout particulièrement : la construction mentale d'objets, en l'occurrence de mon prochain bateau, dont les plans (mentaux eux aussi) commencent à être bien aboutis. J'imagine la construction pas à pas mais en accéléré, ça me permet de visualiser les innombrables petits problèmes à résoudre. C'est très plaisant à faire, mais c'est un exercice qui demande pas mal de concentration. Au bout de quelques heures, je m'endors comme un sourd. En me réveillant, mes sens sont tout chamboulés, je devais sûrement rêver que j'étais en train de dormir dans mon futur bateau, qui n'est pas agencé comme *Baluchon* ; il me faut un bon moment pour retrouver mes repères.

J'ai encore des soucis d'électricité, ma batterie neuve ne se recharge pas du tout. Je pense d'abord à un problème sur les régulateurs de mes deux petits panneaux solaires, mais même en les court-circuitant les panneaux arrivent à peine à compenser la consommation de mes appareils anticollision, qui sont pourtant particulièrement sobres en énergie. Bref, cette fois, ce sont les panneaux qui sont en train de me lâcher ; si ça se trouve, ce sont même eux qui sont à l'origine de la mort de mes batteries pendant la traversée précédente. Mais ça ne me fait ni chaud ni froid d'être en rade d'électricité, ma nouvelle girouette automatique fait le travail parfaitement, j'ai un feu de navigation de secours qui tient pratiquement deux nuits de suite avec un jeu de piles, et ma liseuse est chargée à bloc, pas la peine de se faire du mouron avec les photons ! Pour ma position, je me contente d'allumer ma tablette une minute par jour pour connaître mon point GPS, et le reste du temps je suis le cap au compas ; j'ai en plus un GPS classique à piles en réserve au cas où. Je pourrais largement tenir des semaines sans électricité.

La pointe sud de Madagascar est réputée pour son mauvais temps presque toute l'année, il est donc conseillé aux navigateurs de bien contourner l'île par le sud, pas à moins de 150 milles de la côte – certains préconisent même 200 milles. Comme je suis un garçon pragmatique, je coupe la poire en deux et vise à 175 milles ; de toute façon, je m'attends à me faire bien brasser, c'est une de mes devises préférées : « Attends-toi au pire, comme ça tu n'es jamais déçu. »

Dès que je commence à bifurquer vers l'ouest, je sens tout de suite qu'il va se passer quelque chose : il y a très peu de vent, mais le bateau et la voile sont couverts de condensation, des milliers de gouttelettes tombent en pluie sur le pont chaque fois que la voile faseye. Pas besoin d'être expert en météo pour comprendre que le temps va sûrement changer d'ici peu. Bien vu ! Une heure plus tard, presque instantanément, le vent vire radicalement plein sud et se met à souffler très fort. La mer se lève presque à déferler.

Ça secoue dur, d'autant que, cette fois, pas question d'appliquer ma méthode du bouchon (appelée aussi « méthode du shaker » ou encore « méthode de la poule mouillée »), méthode qui consiste, face aux situations de mauvais temps, à s'enfermer dans le bateau et à attendre que ça se passe. Cette fois, il n'y a pas le choix, il faut agir comme les grands et affronter la mer en faisant route coûte que coûte. Dans ce secteur, on peut attendre longtemps avant que la mer ne se calme, et avec ce vent du sud qui a l'air de venir tout droit de l'Antarctique tant il est glacial, on ne peut que dériver vers le nord et donc se rapprocher du plateau continental au sud de Madagascar, avec une aggravation systématique de l'état de la mer.

Malgré son manque de puissance et de vitesse, mon petit *Baluchon* se bagarre comme un beau diable face aux éléments. Tout irait pour le mieux si un bruit effrayant ne se mettait pas à résonner partout dans le bateau – j'ai un moment l'impression que quelqu'un est en train de jouer au marteau-piqueur sur le pont tellement le bruit est fort. (C'est une image, bien sûr. Vu l'état de la mer, personne ne peut tenir à l'extérieur sans se faire éjecter dans la seconde ; qui plus est, même si je suis le mec le plus sympa et le plus tolérant du monde, je serais tout de même intervenu pour stopper un individu qui s'attaquerait au pont de mon bateau avec un tel engin.) Au bout de plusieurs minutes, j'arrive à localiser d'où vient le bruit : c'est en fait l'extrémité de ma godille, saucissonnée le long de la main courante du roof, qui vibre comme une folle. Il faut arrêter ça le plus rapidement possible, car j'ai peur que ça entre en résonance et que ça finisse par casser quelque chose.

Depuis un bail déjà, les vis de fermeture du capot avant sont cassées : je serre maintenant le joint d'étanchéité avec deux cordelettes que j'entortille sur deux petits bouts de bois – c'est aussi efficace que les vis, mais c'est bien plus long à défaire, surtout dans ces conditions. Enfin, j'arrive, en passant la tête par le capot, à ficeler à peu près correctement le bout de la godille vibrante tout en recevant au passage de bons paquets de mer. Heureusement, j'ai bien pris soin auparavant de me foutre à poil, histoire de ne pas mouiller mes vêtements. En entrant à l'intérieur, c'est à nouveau tout un bordel pour remettre les cordelettes de fermeture, les vagues déferlent encore et encore sur le pont, il faut se magner le train. Mais dans la précipitation, avec les secousses et mes tremblements à cause du froid, je casse un des petits bouts de bois de serrage. L'eau pisse de partout, je prends la première chose qui me tombe sous la main pour serrer la cordelette : ma brosse à dents, qui fait parfaitement le travail.

Ouf, enfin au sec ! Enfin, « au sec », façon de parler… Comme un imbécile, j'ai laissé mes vêtements et mon sac de couchage sur ma couchette, tout est architrempé, même ma serviette pour m'essuyer. J'arrive tant bien que mal à me sécher et enfile mon dernier tee-shirt sec, puis sors mon vieux ciré tout moisi pour essayer de me protéger du froid et de l'humidité et me réchauffer un peu.

Baluchon n'a plus vraiment besoin de moi désormais et file tout seul dans la plume, parfaitement dirigé par Bébert la girouette automatique. Le gros temps va durer comme ça quarante-huit heures sans causer vraiment de problèmes, à part le fait que je ne peux plus utiliser ma brosse à dents. Je vais sûrement un peu puer de la gueule pendant quelques jours, mais à vrai dire ça ne va pas déranger grand monde.

Le reste de la traversée se poursuit sous toutes sortes de conditions de mer et de vent. Je reprends mes rêveries solitaires, le temps passe ainsi bon an mal an, mais je ne suis plus aussi serein et confiant que durant la première partie. Le sale temps légendaire aux alentours de l'Afrique du Sud doit probablement me travailler un peu le cerveau. Je passe tout de même des moments magnifiques, notamment en lisant *Le Petit Prince*, de Saint-Exupéry. Comment est-ce possible d'être devenu adulte sans avoir lu ce petit chef-d'œuvre ? Pendant plusieurs jours, j'en suis tout retourné. « Moi, Yann, président, je déclare que dorénavant il sera obligatoire de lire *Le Petit Prince* au moins une fois par an ! Pour le reste, faites comme vous pouvez et surtout comme vous voulez ! »

Je suis vraiment content de m'être fait charmer de la sorte, du coup je ne m'acharne plus sur Rimbaud, Baudelaire et compagnie. Ce ne sont pas des auteurs faits pour moi, voilà tout, leur côté sombre et mélancolique ne me convient pas vraiment, j'ai plutôt besoin de lumière, d'optimisme et d'histoires plus enfantines, chacun son truc.

À 150 milles des côtes africaines, le vent assez costaud de 30 nœuds cesse brutalement ; le bateau se met alors à gigoter comme c'est pas permis sur cette mer encore très forte. Impossible de garder la voile à poste tant ça roule, c'est infernal. J'attends une nuit entière à dériver et me faire secouer comme un prunier, et au petit matin je peux enfin mettre de la toile et faire un peu de route, mais c'est assez pénible. Le soir suivant, de gigantesques éclairs zèbrent le ciel de partout, accompagnés par des grondements terrifiants. Le vent est faible et change de direction en permanence, ça commence à m'agacer.

Je visais jusqu'ici un point situé à environ 30 milles au nord de Richards Bay, pour contrer le courant du Mozambique, qui déboule à 4 ou 5 nœuds vers le sud tel un tapis roulant géant, mais durant la dernière nuit, encore sous des orages impressionnants, je fais mon timide et me tiens par excès de prudence à environ 10 milles de la côte. Au petit matin, l'Afrique m'apparaît enfin. Depuis quarante-huit heures, je la sentais : une odeur très forte, un mélange de terre mouillée et de végétation. « L'Afrique, mec ! L'Afrique ! » je me répète sans cesse sans vraiment y croire.

Mais la belle Afrique est aussi capricieuse, elle sait se laisser désirer. Le vent m'abandonne à seulement 7 milles de l'arrivée, la côte défile devant moi à toute vitesse sans que je puisse m'en approcher. Richards Bay et les nombreux cargos mouillés devant me regardent passer tranquillement. J'essaie tant bien que mal de profiter du moindre souffle d'air, mais sans beaucoup de résultat – ma voile n'est pas vraiment faite pour le tout petit temps. La carte indique plus de 80 mètres de fond, impossible de balancer mon ancre. Pas question non plus d'attendre la renverse de courant comme en Bretagne, ici ça descend indéfiniment vers le sud.

Je croise par hasard un petit bateau de pêche, que j'interpelle en soufflant dans un simple sifflet en plastique. Les types à bord ont l'air d'halluciner quand je leur explique que j'arrive de France. Aussitôt, le patron du bateau appelle un copain à lui à la VHF pour venir me tracter. (Ah oui, tiens, la VHF ! Ça ne me vient toujours pas à l'esprit d'utiliser cet appareil, il me reste pourtant quelques volts pour un appel, mais je préfère mon petit sifflet en plastique pour communiquer.) Quinze minutes plus tard, une petite barge qui sert au transfert des équipages sur les cargos au mouillage vient exprès pour me remorquer. Les gars sont super courtois et amicaux, on se présente par nos prénoms. *Baluchon* est alors tracté tranquillement ; on s'arrête un moment pour prendre une équipe sur un cargo et on se dirige ensuite vers l'entrée du port. Pendant ce temps, le vent se lève enfin ; je suis un peu déçu, j'aurais peut-être pu rentrer par mes propres moyens. À un demi-mille de l'arrivée, un semi-rigide des Sea Rescue vient prendre le relais pour le remorquage. Je suis gêné de déranger tous ces gens, mais ça se fait d'une manière si naturelle et professionnelle que l'entraide entre marins semble couler de source. Une demi-heure plus tard, je suis amarré au quai d'entrée à Tuzi Gazi. J'aperçois avec étonnement deux singes qui se trimbalent sur le quai.

Afrique du Sud, novembre 2021-janvier 2022

À vrai dire, mon premier contact avec l'Afrique du Sud est, il faut bien l'avouer, très négatif. Je suis chagriné au plus haut point de ne pas avoir su anticiper le courant du Mozambique et le manque de vent, ce qui m'a obligé à demander de l'aide, j'en suis encore tout chafouin. S'ensuivent des démarches d'entrée complètement ahurissantes : en plus des deux ou trois administrations habituelles dans les autres pays, il faut aussi visiter une quantité invraisemblable d'autres services, avec chaque fois des dizaines et des dizaines de papiers à remplir.

Tous les fonctionnaires à qui j'ai affaire semblent participer à un grand jeu-concours de qui fera le plus la gueule. Dans un des services, la dame derrière son guichet refuse tout bonnement de me prêter un simple stylo quand le mien ne veut plus fonctionner. Je suis obligé d'attendre que quelqu'un d'autre entre dans le bureau, remplisse ses papiers, ait la gentillesse de me prêter son crayon et d'attendre patiemment que je remplisse à mon tour mes formulaires. Même si c'est ma faute – j'aurais dû prévoir un stylo de secours –, je me sens humilié (je pense que c'était le but) ; j'aurais de très loin préféré me taper une bonne grosse tempête au large plutôt que subir tout ça. Je n'arrive pas du tout à assimiler le sens de toutes ces démarches qui me semblent totalement inutiles et inefficaces, d'autant qu'il a fallu remplir par Internet tout un questionnaire avec les mêmes informations avant d'arriver dans le pays. Je me mets à imaginer le bordel si on exigeait le même parcours du combattant des voyageurs qui débarquent en avion.

C'est un vrai cauchemar pour moi, on se croirait dans un roman de Kafka. Même pour l'inscription au port, il faut remplir un document d'au moins cinquante pages juste pour louer un bout de ponton pour quelques jours ! On m'explique que ces complexités administratives sont des résurgences du temps de l'apartheid, pourtant aboli depuis quarante ans, et que des mesures de simplification sont en cours. J'ai bien conscience que ma réaction n'est pas rationnelle, mais je me sens comme acculé, emprisonné par un parcours administratif trop écrasant pour moi ; je subis, donc je ne maîtrise rien, ce qui me met presque dans le rouge au niveau stress.

Visiblement, il n'y a que moi que ça met dans un état pareil, les autres navigateurs prennent tout ça avec plus de philosophie : pour eux, ce n'est qu'une petite corvée folklorique. Je fais tout de même bonne figure et reste courtois ; après tout, quand on rend visite à un pays étranger, la moindre des politesses est d'accepter les règles locales.

Quand on m'annonce qu'il faudra faire le même cinéma à chaque entrée et à chaque sortie de chaque port d'Afrique du Sud jusqu'à Cape Town, cette perspective me rend littéralement malade. J'envisage de quitter le pays le plus rapidement possible, de passer le cap de Bonne-Espérance et de rejoindre une île quelconque de l'Atlantique en annonçant que j'arrive directement de La Réunion. (Étrangement, aucun des services sud-africains visités ne demande de papiers du pays duquel on est censé arriver, ce qui fait que la *clearance* précédente n'a aucun tampon officiel d'entrée, elle est donc réutilisable pour l'escale suivante.) J'étudie alors la météo pour me barrer le plus rapidement possible. Mais rien à faire, le temps sur ce bout d'Afrique change toutes les quarante-huit heures, laissant de toutes petites fenêtres juste assez suffisantes pour passer d'un port à un autre ; impossible d'arriver du côté Atlantique d'une traite sans risque de se prendre de bonnes grosses branlées. Des bonnes grosses branlées, j'en ai déjà pris, mais proche de la côte et avec tous les courants présents dans le secteur, ce n'est vraiment pas le top pour un petit *Baluchon*.

En fait, ma réaction disproportionnée n'est que le contrecoup de la fatigue accumulée durant cette traversée ; je m'aperçois qu'elle a été plus éprouvante que je ne l'avais cru. Comme je l'ai déjà observé plusieurs fois, quand le corps est fatigué, l'esprit ne suit plus, il se focalise sur des problèmes qui n'en sont pas vraiment, entraînant du stress qui s'ajoute à la fatigue physique, et ça devient un cercle vicieux. Il me faut plus de deux jours et deux nuits avec un sommeil agité, me réveillant toutes les heures pour vérifier inutilement mon cap, vu que je suis à quai, pour retrouver un semblant de raison.

Heureusement, l'Afrique du Sud me fait rapidement voir son deuxième visage : une fois les démarches effectuées, je peux enfin rejoindre la marina du Zululand Yacht-Club, un nom qui sent bon le dépaysement et l'exotisme. L'accueil est super sympa et on ne peut plus chaleureux, je retrouve plusieurs potes et bateaux déjà croisés sur la route du tour du monde.

Très vite, je suis mis au courant de la religion locale : le *braail.* Ici, on ne rigole pas du tout avec ça, c'est plus que sérieux. Le *braail* est la version sud-africaine du barbecue, mais le mot « barbecue » est péjoratif et désigne la façon de cuire la viande à l'américaine – au gaz ou sur une plancha, ce qui est une hérésie totale ici. Le sujet est tellement sensible que je me demande si cuire sa viande de la sorte n'est pas passible d'une peine de prison. Le *braail* ne se fait qu'au feu de bois ou au charbon de bois, rien d'autre. Pratiquement tous les soirs, et dès le vendredi midi tout au long du week-end, c'est *braail* sur *braail* sur *braail*, avec des morceaux de viande gros comme des mains de rugbymen sud-africains, le tout arrosé d'hectolitres de bière. Presque chaque fois, les équipages des bateaux de passage sont cordialement invités, moyennant une petite participation.

Avec tous ces milles derrière moi et une alimentation pas vraiment équilibrée, mon corps doit sûrement avoir quelques carences. Tant qu'il ne dure pas trop longtemps, ce régime accompagné de fruits et légumes à volonté et d'un peu d'exercice physique devrait rapidement me remettre sur pied.

Avec deux autres bateaux, nous décidons de louer une voiture pour aller visiter des parcs animaliers situés à quelques heures de route. Pendant trois jours, nous en prenons plein les mirettes. C'est tout bonnement hallucinant de voir ces animaux pour de vrai : des éléphants, des girafes, des buffles, des lions, des gazelles, des hippopotames et tout un tas de bestioles exotiques de toutes les tailles. Même si ce n'est pas l'idéal, que tout ce beau monde est enfermé dans d'immenses réserves et donc pas vraiment en totale liberté, le fait de venir les voir et de payer une entrée permet à ces animaux d'être protégés du pire prédateur qui soit : l'homme. Sans compter que ça rapporte aussi un peu d'argent et du travail dans cette partie assez pauvre de l'Afrique du Sud. Cette petite excursion, en plus de me laisser des souvenirs incroyables, me permet de bien me vider la tête et d'envisager plus sereinement la suite du voyage.

Techniquement, il est tout à fait possible de franchir relativement facilement le cap de Bonne-Espérance avec un bateau de la taille de *Baluchon*, mais il ne faut pas être spécialement pressé – il faut attendre les bonnes fenêtres météo et passer rapidement de port en port entre deux dépressions. Pour mettre toutes les chances de mon côté, il faudrait aussi que je m'équipe d'une voile de petit temps, et éventuellement d'un petit moteur hors-bord pour pouvoir rejoindre l'abri le plus proche avant le mauvais temps.

Ce ne serait pas du luxe non plus d'avoir un moyen de recevoir la météo marine à bord. Bref, il me faudrait investir beaucoup plus que la totalité de mes économies et changer radicalement de philosophie de navigation rien que pour passer ces 800 milles de navigation délicate. Mais les dieux des innocents voyageurs (qui ne doivent pas avoir grand-chose à faire) décident encore une fois d'intervenir en ma faveur. En discutant autour de moi, je trouve par hasard quelqu'un qui doit se rendre à Cape Town en voiture pour les fêtes de fin d'année, et qui accepte de transporter *Baluchon* sur une remorque contre une somme raisonnable. Je saute sur l'occasion, plutôt que de refaire les mêmes démarches administratives à chaque départ et arrivée dans un port. Pendant un jour ou deux, j'ai cependant un sentiment de contrariété en me disant que je triche un peu, que je choisis la solution de facilité, et qu'est-ce qu'on va dire de moi, et gnagnani et gnagnana, mais je mets rapidement un terme à tout ça : je n'ai de comptes à rendre qu'à moi-même et je fais ce que je veux. De plus, comme je l'ai déjà dit, je n'aime pas du tout la navigation côtière ; contrairement à la navigation hauturière, ça ne m'amuse pas plus que ça, surtout si je trouve un moyen plus simple et plus économique de faire autrement.

Je décide de mettre *Baluchon* au sec par mes propres moyens. L'antique *travelift* du chantier attenant à la marina est évidemment fait pour des bateaux bien plus gros, en plus le tarif est exorbitant, mais, surtout, c'est mille fois plus rigolo d'essayer de se dépatouiller avec les moyens du bord. Avec quelques planches achetées dans un négoce de matériaux de construction, je fabrique une sorte de traîneau qui pourra sortir facilement de l'eau mon petit bateau et qui me permettra ensuite de le hisser sur la remorque (ce n'est pas une remorque conçue spécialement pour les bateaux, donc pas question de la mettre dans l'eau de mer pour charger *Baluchon* dessus).

J'avais prévu de faire cette opération comme à mon habitude, tout seul dans mon coin. C'est ma spécialité, ça, les bricolages et les déplacements de tout un tas de trucs rien qu'avec des cordages et des bouts de bois. J'adore faire ce genre de chose, j'ai même dégoté un cric de voiture et un tire-fort à chaîne et établi un plan digne des constructeurs de pyramide. Mais c'est sans compter l'énorme solidarité entre marins : tous les copains de la marina viennent me prêter main-forte. À peine *Baluchon* est-il échoué sur la cale de mise à l'eau qu'il est déjà monté sous son traîneau ; là où je comptais attendre que la marée baisse pour faire petit à petit glisser le tout sur des rondins, un 4 × 4 local est appelé à la rescousse et *Baluchon* est tracté sur son beau traîneau sur le terre-plein en moins de deux. L'affaire est rondement menée, le tout dans une superbe ambiance et un joli foutoir. Quand tout est terminé, tournée générale au bar du yacht-club !

Idem quelques jours plus tard, au moment où je commençais à chercher des bouts de madrier pour bricoler une rampe afin de faire glisser le bateau sur la remorque, un camion de livraison venant de je ne sais où et muni d'une petite grue me propose gentiment de soulever *Baluchon* ;

en à peine dix minutes, l'affaire est bouclée. Finalement, je n'ai pas eu besoin de mes rondins, de mon cric, de mon tire-fort ni de mes méthodes d'Égyptien. Même si j'aurais adoré le faire à ma manière, la solidarité et l'amitié de tous ceux qui m'ont aidé m'ont aussi procuré beaucoup de plaisir, merci à tous les copains !

Pendant ce petit séjour sur la terre ferme, ce n'est pas la grande forme, pratiquement toute la marina est victime d'une épidémie de je-ne-sais-quoi, rendant tout le monde malade. Dans mon cas, ça se traduit par une courante carabinée, m'obligeant à rejoindre les sanitaires toutes les demi-heures le plus rapidement possible. Une fois, dans ma précipitation, j'ai oublié la précieuse clé des latrines au bateau et frôlé de très très près une mauvaise déconvenue.

Un autre jour, en revenant passablement vidé d'une de mes nombreuses excursions, j'aperçois une tête bouger par le hublot de *Baluchon*. Qui ça peut bien être ? Je commence à connaître pas mal de monde ici, mais je ne vois pas qui se permettrait de monter à bord sans ma permission. En m'approchant, je me rends compte que c'est un des nombreux singes qui pullulent partout dans le secteur ; il est tranquillement installé en train de déguster mes provisions. Ni une ni deux, je me précipite dans la direction du bateau (pratiquement aussi vite que lorsque j'ai couru dans le sens opposé quelques minutes plus tôt) et, me voyant rappliquer, le singe déguerpit à toute vitesse, embarquant avec lui un sac à moitié éventré de petits pains. Il s'arrête un peu plus loin sur le toit de l'atelier de la marina en me narguant d'un air supérieur et jubilatoire. Je le traite de malotru en le menaçant avec le poing, ce qui a l'air de ne lui faire ni chaud ni froid. Quand je remonte à bord, je constate les dégâts : le saligaud m'a fait un de ces carnages ! En plus d'avoir déchiqueté entièrement un lot de paquets de biscuits et projeté des miettes un peu partout, il a également trouvé très amusant de déchirer le petit sac de curcuma en poudre que je verse dans ma boisson du matin. Je mets tout l'après-midi pour tenter de nettoyer tant bien que mal l'intérieur de *Baluchon*, entrecoupé de fréquentes pauses forcées (je n'ai pas pu venir réellement à bout des traces de curcuma, l'intérieur de *Baluchon* et mon matelas ont gardé pendant très longtemps de disgracieuses traces orange un peu partout).

Avant cet épisode, je trouvais ces singes, dont les mâles ont la particularité d'avoir des attributs bleu pétant, éminemment sympathiques, vu qu'ils passent la majeure partie de leur temps à faire des conneries et à copuler. J'avais déjà entendu plusieurs fois en rigolant dans ma barbe des histoires d'intrusion dans des catamarans rutilants où ils avaient tout mis à sac. Dans mon innocence, je m'étais persuadé que pour un singe, ça devrait être beaucoup plus rigolo de s'attaquer à un gros bateau qui sent le fric à des kilomètres plutôt qu'à une barcasse à deux balles comme la mienne, mais la nature ne fait pas de distinction : que l'on soit petit ou gros, tout le monde a droit aux mêmes déconvenues. À partir de ce jour, je n'ai plus jamais oublié de fermer le bateau avant de faire un tour à terre, même pour quelques minutes, tout comme je ne me suis plus jamais séparé des clés des sanitaires.

Le lendemain de Noël, nous démarrons notre virée à travers l'Afrique du Sud pour faire passer *Baluchon* sur la côte atlantique. Je suis installé confortablement dans le coffre du 4 × 4 de Dylan, qui conduit sa famille à Cape Town pour y passer le Nouvel An. Derrière moi, mon petit bateau me paraît tout rikiki sur son immense remorque, où l'on pourrait sans problème en caser deux comme lui.

Mes petits problèmes intestinaux commencent à aller un peu mieux, mais je ne suis pas mécontent de la présence de deux enfants à bord, ce qui garantit une pause pipi toutes les deux heures.

Au début, je me tape plusieurs fois de bons coups de stress – je ne suis plus du tout habitué aux vitesses terrestres – et, plusieurs fois, nous nous faisons doubler de très près par d'énormes camions ou des pick-up chargés d'ouvriers entassés dans la benne. Malgré ça, l'ensemble du voyage se passe super bien ; je vois défiler des paysages à couper le souffle, des paysages semi-désertiques que j'imagine semblables à ceux d'Australie, que j'avais tant rêvé de traverser de la sorte (je ne regrette vraiment plus du tout cette option de voyager par la terre).

Nous avons juste connu un petit souci mécanique : une durite de refroidissement du moteur a éclaté au beau milieu de nulle part, nous obligeant à nous arrêter. Dylan, qui comme beaucoup de Sud-Africains, est un vrai démerdard, a pu réparer la panne facilement.

Dylan est un beau bébé d'au moins 1,80 mètre et pas loin du quintal, pas le genre de gars à qui l'on va chercher des noises, mais en panne au bord de la route, avec sa femme et ses deux enfants, je l'ai tout de suite senti assez tendu, surtout en le voyant sortir sa batte de base-ball, au cas où. Il faut dire que le taux de violence et de criminalité du pays est incroyablement élevé, nourri par beaucoup de rancœur et d'agressivité raciale. Un véhicule en panne rempli de petits Blancs est une proie assez tentante, je me mets à la place de ce père de famille, surtout qu'il doit forcément penser qu'avec mon gabarit je ne serai pas d'une grande aide en cas d'agression.

Pour pouvoir redémarrer, il nous faut impérativement de l'eau afin de refaire le plein du système de refroidissement du moteur. Heureusement, on distingue au loin une éolienne comme on en voit dans les westerns, ce dispositif qui sert à pomper l'eau pour faire boire les bêtes. Je propose d'aller en chercher à l'aide des petits bidons de *Baluchon* – ça me permet aussi de me dégourdir légèrement les jambes. J'aurais bien pris mon temps pour flâner un peu et jouer au cow-boy perdu loin de son ranch, mais je presse quand même le pas, la petite famille n'a visiblement aucune intention de rester trop longtemps dans le secteur.

Après deux jours de route et un arrêt pour la nuit dans le patelin d'Afrique du Sud probablement le plus éloigné de la mer qui soit, nous arrivons à destination. Ça me fait tout bizarre de revoir l'Atlantique pratiquement deux ans après l'avoir quitté.

Cape Town est une superbe ville au climat agréable, où il doit faire bon vivre à l'année. Une multitude d'œuvres d'art sont présentes un peu partout, des buildings aux architectures modernes côtoyant des bâtiments anciens de style victorien, le tout dominé par la fameuse et très impressionnante montagne de la Table. Le plus bel endroit de la ville de mon point de vue : le musée d'Art moderne, construit sur les bases d'anciens silos en béton, est une réussite architecturale époustouflante.

La seule chose choquante pour un petit plouc comme moi débarquant tout droit de sa cambrousse est sans doute la promiscuité entre la plus grande richesse et la pauvreté la plus extrême. À deux pas d'immeubles somptueux où clignotent d'énormes néons aux effigies de banques ou de marques de voitures de luxe, toute une population (noire, évidemment) vit dans des abris de fortune faits de cartons et de bâches en plastique dans la misère la plus totale.

Un soir, après un verre entre potes en centre-ville, au lieu de prendre un taxi comme il est vivement recommandé de le faire, je décide de rentrer à pied à mon bateau. Dans pratiquement tous les ports où j'ai fait escale, on ressert chaque fois cette même rengaine un peu barbante : surtout, ne pas sortir seul le soir. Je ne me suis, à tort, jamais senti réellement concerné par ces mises en garde : je pensais que cela se voyait comme le nez au milieu de la figure que je ne suis pas Crésus. Ma nature discrète me met aussi à l'abri des provocations verbales pouvant dégénérer, et mon physique, beaucoup plus proche de celui de Quasimodo que de celui d'Esmeralda, m'exclut définitivement de tentatives d'agression sexuelle. Mais Cape Town la nuit est tout de même réputé pour être une des villes les plus dangereuses du monde.

Sans crier gare, au beau détour d'un boulevard pourtant très fréquenté, deux jeunes me tombent dessus, m'attaquant directement. Sans réfléchir plus que ça, j'essaie de me défendre du mieux que je peux, tentant tant bien que mal d'esquiver les coups et les prises, mais en reculant je trébuche et me retrouve les quatre fers en l'air. Un des jeunes me saisit les deux mains. Malgré les moulinets comiques que je fais avec les jambes, l'autre réussit à atteindre une des poches avant de mon pantalon et se met à tirer dessus par à-coups de toutes ses forces. Je suis soulevé du sol plusieurs fois, et à la fin ma poche se déchire d'un coup, laissant tomber à terre mon éternel couteau suisse. Les deux lascars le récupèrent avant de déguerpir à toute vitesse. Je me relève vite fait, remonte la jambe de mon pantalon ouverte jusqu'au genou et me mets à courir le plus vite possible dans la direction opposée.

Ça s'est passé tellement vite que je n'ai même pas eu le temps d'avoir réellement peur. Mes agresseurs avaient plus l'air de pauvres diables essayant de survivre comme ils peuvent que de bandits sanguinaires. J'en suis quitte pour la perte d'un simple couteau suisse avec les ciseaux cassés et la lame tellement aiguisée qu'il lui manque un bon tiers de sa taille initiale (et un pantalon qui commençait à avoir fait largement son temps). Dans mon autre poche se trouvait pourtant mon porte-monnaie contenant l'équivalent d'une trentaine d'euros ; mon vieux téléphone bien esquinté était quant à lui dans mon sac étanche tout pourri que j'ai toujours sur le dos. En rentrant à mon bord tout penaud, je me suis demandé s'il n'aurait pas mieux valu pour ces deux jeunes qu'ils récupèrent mon mince porte-monnaie plutôt que ce butin ridicule.

Pendant plusieurs jours, je ne peux pas m'empêcher de me chagriner en pensant à cette petite mésaventure : je n'ai pas su quelle attitude adopter, il aurait été naturellement idiot de leur courir après en leur criant que j'avais aussi un porte-monnaie. En fait, au lieu d'être content d'être sorti de cette situation à si bon compte, je suis plutôt désemparé. Que peut-on faire vraiment contre la misère et l'agressivité naturelle des hommes ?

QUATRIÈME PARTIE : SUR LA ROUTE DU RETOUR

Cape Town-Sainte-Hélène, janvier-février 2022

Depuis une bonne dizaine de jours déjà, je n'arrête plus de consulter la météo. Après deux mois et demi d'escale en Afrique du Sud à me la couler douce et à bien profiter de la vie terrestre, l'envie de reprendre le large commence à me chatouiller gravement. Mais les prévisions ne sont pas très bonnes pour attaquer de nouveau l'Atlantique, ça me stresse un peu. Je me suis alors souvenu du vieux dicton qu'on sert habituellement aux Parisiens venant faire de la voile en Bretagne : « Qui écoute trop la météo reste au bistrot. » Formule qu'il faut bien évidemment prendre avec des pincettes, mais on doit admettre aussi qu'il est assez rare de bénéficier de conditions météorologiques parfaites pendant au moins une petite semaine ici, tout en bas de l'Afrique, donc quand faut y aller faut y aller ! Prenant le taureau par les cornes, j'arrête une date et me résous à ne plus consulter la météo que le matin du départ.

Reste pour moi une dernière difficulté de taille : affronter les démarches administratives nécessaires pour avoir la sacro-sainte *clearance* permettant de sortir légalement du pays. J'ai eu, pendant un moment, l'idée de larguer les amarres à nouveau sans demander mon reste et de me passer allègrement et sans aucun complexe de l'épreuve de la paperasse. À vrai dire, je ne risquais pas grand-chose avec cet « oubli » ; il est peu probable que le gouvernement sud-africain lance à ma poursuite un navire de guerre armé jusqu'aux dents, ni qu'il émette un mandat d'arrêt international contre moi. Et si jamais je me faisais contrôler à la sortie du port, je n'aurais qu'à déclarer une toute petite virée en mer pour la journée. Cependant, en cette période troublée par le Covid, qui provoque une pagaille monstre un peu partout sur terre, voyager sans papiers tamponnés en bonne et due forme risque peut-être de me jouer des tours lors de mes prochaines escales. Je décide donc de forcer un peu ma nature et de faire les démarches de sortie dans les règles.

Il faut dire aussi que, à la suite du psychodrame personnel que j'ai connu lors de mon arrivée en Afrique du Sud, j'ai pas mal travaillé sur moi pour atténuer un peu ma phobie administrative (enfin !) et m'adapter, au moins pour un temps, aux règles du jeu, aussi stupides soient-elles. Mais contrairement aux démarches d'entrée, il faut que ce soit une expérience rigolote. Plus question de me laisser emmerder, j'ai largement passé l'âge de me faire rabaisser par des fonctionnaires imbus de leurs petits pouvoirs. Ma stratégie consiste à prendre tout le temps nécessaire pour faire ces démarches (qui, il faut l'avouer, sont beaucoup plus simples et moins nombreuses qu'à Richards Bay), de jouer les idiots congénitaux et de n'avoir aucune intention de faciliter le travail des divers services à visiter.

Malheureusement, ma nature de gentil m'empêche de mettre mon plan diabolique à exécution. L'employé du yacht-club, que je connais depuis mon arrivée à Cape Town, et censé me faire remplir une tonne et demie de papiers, m'est bien trop sympathique pour que j'ose le faire tourner en bourrique comme prévu. La pauvre dame du guichet du Port-Control, quant à elle, semble avoir tellement de difficulté à se lever de son siège que je n'ai pas le cœur non plus à me tromper volontairement en remplissant le formulaire, de manière à ce qu'elle doive se lever plusieurs fois pour aller chercher des documents vierges. Et l'agent des services d'immigration, étonnamment perspicace, perçoit tout de suite que je m'apprête à faire le nigaud, si bien qu'il remplit lui-même pratiquement tous les papiers ; ce gars a aussi un flegme ou un sens de l'humour totalement déconcertant, il n'est pas surpris le moins du monde quand je lui annonce une heure de départ de Cape Town du style 8 h 22 et une heure d'arrivée à Sainte-Hélène à 10 h 53.

Mais ma bonne résolution d'être en règle pour une fois se heurte à un des derniers services à visiter : les douanes. On m'y fait encore remplir tout plein de papiers avec des questions aussi saugrenues que le nom de mon agent transitaire (j'ignorais jusque-là que mon système de transit avait un nom), la nature et la masse des marchandises transportées (?) ou bien le nombre et le numéro de série des containers présents à bord. Je réponds évidemment n'importe quoi à toutes ces questions, ce qui ne fait même pas tiquer l'agent du guichet. Ce qui compte avant tout n'est pas la qualité des réponses mais que les formulaires soient remplis. À la fin, le douanier, complètement antipathique, m'ordonne de trouver un moyen de scanner moi-même mes documents (photos de smartphone non autorisées) pour ensuite les envoyer par e-mail à un autre service, qui doit sans aucun doute se situer dans le bureau d'à côté. Ironiquement, je lui demande alors pourquoi je dois me déplacer physiquement si les démarches se font par e-mail. (Il faut le savoir, la pratique de l'ironie ne produit aucun effet sur un douanier, quelle que soit sa nationalité.) Je vois le coup venir, je vais certainement devoir attendre tout l'après-midi que quelqu'un daigne répondre à mon e-mail, ensuite trouver un endroit pour imprimer cet énième document et me déplacer une nouvelle fois à l'autre bout de la ville dans un service à la con pour le faire tamponner. Un service des douanes qui ne possède même pas un scanner ni un ordinateur pour envoyer un e-mail, ça ne fait tout de même pas très sérieux…

Trop, c'est trop ! Cette fois, fini le foutage de gueule, je décide d'arrêter de jouer, je n'aurai pas de *clearance* officielle pour me barrer d'Afrique du Sud, tant pis pour moi. J'ai quand même mon passeport tamponné ainsi que des dizaines de feuilles à en-têtes carnavalesques pour prouver que j'ai fait certains efforts pour me plier aux règlements, ce qui est mieux que rien, après tout.

Le lendemain matin, après un copieux *breakfast* à l'anglaise au bar de la marina, profitant du calme plat du lever du jour, je quitte le bassin du très sélect et très british

Royal Cape Yacht-Club. Je jette tout de même un petit coup d'œil à la météo pour voir si rien de méchant ne m'attend : ça peut le faire, même s'il y a quand même 30 nœuds de vent prévus pour les trois ou quatre prochains jours. Mais c'est du vent portant, donc ça ne devrait pas poser de problème.

Trois ou quatre copains lève-tôt sont sur le ponton pour me regarder partir à la godille, un départ discret pour une fois. Le vent annoncé pour le milieu de la matinée n'est pas au rendez-vous, je passe toute la journée à tirer des bords lamentables pour essayer de sortir de la baie de Cape Town. *Baluchon* est chargé comme une bourrique pour au moins deux mois de mer, ce qui n'aide pas beaucoup à la performance.

La nuit est un peu stressante, des cargos et des bateaux de pêche passent dans tous les sens et le vent n'est toujours pas là ; j'arrive à peine à manœuvrer pour éviter de justesse une collision avec un gros bateau filant à toute allure : apparemment, mon signal AIS ne doit pas fonctionner ou alors il n'y a personne à la veille sur l'autre bateau. J'ai eu chaud aux fesses, nuit blanche en perspective…

Le lendemain, le vent se lève enfin pour de bon, mais le trafic est encore assez intense. J'essaie de me reposer un peu en dormant par tranches de quinze minutes. Le vent se renforce timidement dans le milieu de la journée. *Baluchon*, avec juste un petit bout de toile, cingle vers le large ; je remets en service la girouette Bébert et remise le pilote électrique. Même si j'ai maintenant largement assez d'électricité grâce à mon petit panneau solaire de 50 watts tout neuf, je voudrais préserver le pilote pour le passage du Pot-au-Noir et pour la navigation côtière. Et puis Bébert, malgré son coût totalement ridicule de 25 euros peinture comprise, fait lui aussi parfaitement le travail, il faut juste régler un peu plus souvent la surface de voilure, parfois juste quelques degrés de tour de mât, afin que le bateau soit équilibré bien comme il faut, ce qui fait que la vitesse moyenne est moins bonne qu'avec le pilote électrique. Mais comme je ne suis pas pressé, ça n'a pas véritablement d'importance. Naviguer avec la girouette demande vraiment d'être à l'écoute du bateau, ça permet de beaucoup progresser dans les réglages ; c'est un réel plaisir pour moi de le voir filer parfaitement, sans personne à la barre, dans toutes les conditions de vent et de mer, dirigé simplement par un bout de contreplaqué, un morceau de manche à balai, une ancienne bobine de fil de pêche et deux bouts de ficelle. Quand je pense que certains mettent des fortunes dans des pilotes automatiques ou des régulateurs d'allure compliqués…

Malgré ça, il me faut plusieurs jours pour me retrouver à nouveau totalement heureux d'être en mer. Même si je ne suis pas sujet au mal de mer cette fois-ci, je ne me sens pas super à l'aise ; comme d'habitude, il faut un peu de temps à mon corps et à mon esprit pour s'amariner. *Baluchon* quant à lui n'a pas ce problème : tel un danseur, il passe la mer avec une facilité déconcertante ; le vent est un peu fort, mais la houle est assez longue et douce, très peu de vagues déferlent.

Mais juste au moment où je me faisais la réflexion que l'océan Atlantique est tout de même moins agressif que l'océan Indien, une énorme vague venant de je ne sais où nous frappe sur le côté. *Baluchon* se couche d'un coup, je suis projeté par-dessus les bidons contenant les vivres et m'écrase le long du roof ; plein d'objets que je n'avais pas pris le temps de fixer correctement valdinguent un peu partout, heureusement que j'avais bien fermé le capot ! J'en suis quitte pour quelques bleus. Des claques de ce genre, j'en ai déjà reçu des dizaines dans l'océan Indien, c'est même probablement une vague comme celle-ci qui a dû être fatale au pauvre *Skrowl* sept ans auparavant – ça me rappelle que je dois rester concentré et prudent.

Quand le temps se calme, au bout du cinquième jour, je retrouve enfin la sérénité du large, même si le vent devient pour le coup un peu trop faible et pile-poil vent arrière, ce qui m'oblige à faire de longs zigzags pour augmenter légèrement ma vitesse et faciliter le travail de Bébert en lui procurant un peu plus de vent apparent. Je suis vraiment heureux d'être là tout seul avec mon brave *Baluchon* poussé juste par le vent ; je me délecte de faire partie d'un tout avec mon bateau, le vent et la mer. Ça doit sûrement paraître un peu cucul de dire ça, mais je me sens vraiment en harmonie ; j'essaie de chasser momentanément l'idée qu'un jour il faudra nécessairement toucher terre.

Je tente aussi de changer mes habitudes alimentaires en me préparant quotidiennement un mélange de purée en sachet et de *biltong* (de la viande séchée et épicée, une spécialité sud-africaine). Je me suis mis en tête d'en faire mon alimentation de base, ça devrait largement couvrir mes besoins énergétiques ; en plus d'être assez économique et très rapide à préparer, ça a également l'avantage de pouvoir se consommer aussi bien froid que chaud. Mais au bout de cinq, six jours de ce régime un peu rustique, j'ai d'affreux renvois accompagnés de subtils relents de purée industrielle et d'épices mal digérés. Mon estomac, habituellement assez arrangeant, me signifie son ras-le-bol de ma peu ragoûtante mixture, dont la consistance s'apparente à du plâtre mais en beaucoup moins digeste. Heureusement, j'ai encore un stock de nouilles chinoises, qui redeviennent pour le coup ma nourriture de base, accompagnées suivant les jours et mon humeur de thon ou de sardines en boîte (que je peux à nouveau manger après une pause de quelques mois). Je garde le *biltong* pour les petits grignotages de nuit quand il m'arrive d'avoir un petit creux, et les sachets de purée au cas où j'aurais un jour besoin de colmater un trou dans la coque de *Baluchon*.

L'envie de lire me prend, mais seulement une bonne semaine après le départ ; je suis si bien à ne rien faire qu'une petite heure par jour me suffit. Pendant cette traversée, je lis un Simenon, un recueil des aventures d'Henry de Monfreid, un polar complètement niais et un roman à l'eau de rose racontant les souffrances d'une femme mariée qui, au midi de sa vie, s'aperçoit qu'elle est malheureuse principalement à cause de son sale type de mari qui ne lui dit pas assez qu'elle est belle et merveilleuse et qu'elle n'a pas pris tant de poids que ça. Le récit à charge ne prend évidemment pas en compte les émotions du sale type. Par solidarité masculine, je tente de rééquilibrer le point de vue de l'auteur en me disant combien il est difficile aussi pour certains hommes d'ôter quelquefois leur cuirasse, cette cuirasse qu'ils ont mis si longtemps à fabriquer, à réparer tant bien que mal à chaque coup du sort. Tout ça me donne à penser que l'ultime aventure de notre temps est sûrement l'amour. Il faut un courage et une force infinis pour ne plus chercher à se protéger et se montrer tel que l'on est. Peut-être que cette balade sur mon fier cuirassé *Baluchon* m'aura aidé à trouver un peu de maturité ; je pense pouvoir être capable à présent d'ôter quelquefois cette cuirasse qui m'a tant de fois fait paraître si maladroit, et de brunir enfin la peau blanche de mon âme au soleil de l'autre. Pour me préparer à l'ambiance de Sainte-Hélène vers laquelle je me dirige, j'écoute aussi une série de podcasts sur la vie de Napoléon.

Au bout du vingt-troisième jour de cette navigation bien pépère à, il faut bien l'avouer, me traîner sans vraiment chercher à faire marcher au mieux *Baluchon*, j'arrive en vue de l'île. C'est le soir, je décide de la contourner pendant la nuit à vitesse réduite pour arriver tranquillement au petit matin au mouillage de Jamestown, le seul port de Sainte-Hélène. Je remets en service le pilote électrique pour ne pas subir les variations de vent à l'approche de la côte, mais après à peine une demi-heure d'utilisation il se met à produire des bruits assez curieux, comparables à ceux d'un moulin à café auquel on aurait donné du gravier à moudre. Tout ça m'inspire moyennement, mais le fidèle et silencieux Bébert prend une nouvelle fois son service.

Sainte-Hélène

La première impression quand on aborde Sainte-Hélène par la mer est assez saisissante : des falaises austères se jetant directement dans l'océan sous un ciel gris et un crachin quasi continuel d'une morosité insondable. Si Napoléon est arrivé un jour comme celui-ci, ça a dû lui faire un drôle d'effet. (Mais il est probable que cette impression soit aussi liée à l'aura particulière que peut exercer le nom de cette île sur notre subconscient : on doit, quelque part, en tant que Français, posséder une sorte de mémoire collective qui nous rappelle les défaites du passé.)

Comme partout dans le monde depuis près de deux ans, avant de pouvoir mettre pied sur quelque terre que ce soit, il faut impérativement montrer patte blanche et prouver que l'on ne se trimbale pas avec un échantillon du Covid sur soi. Heureusement, contrairement à d'autres pays anglo-saxons, pour accéder à Sainte-Hélène, la durée du voyage peut être déduite de la durée de quarantaine – dans mon cas vingt-trois jours –, ce qui fait que théoriquement j'aurais pu descendre à terre le jour de mon arrivée. Mais comme l'île ne dispose pas d'un cadre médical très développé, les tests PCR obligatoires pour accoster ne se font que le jeudi, avec résultats le vendredi. Pas de bol pour moi, je suis arrivé un samedi matin à l'aube, par conséquent je dois rester sept jours amarré à une énorme bouée de mouillage.

Je m'étais pourtant dit, à mon départ de Cape Town, que si j'arrivais trop longtemps avant un jeudi, je ferais l'impasse sur l'escale et continuerais ma route. Mais pendant la traversée, deux des trois cordons d'alimentation pour ma tablette ont rendu l'âme (les cordons d'alimentation ne sont pas du tout faits pour résister à un environnement salin extrême ; malgré toutes les précautions, leur espérance de vie à bord est très limitée) ; si mon dernier cordon venait lui aussi à rendre l'âme, je ne pourrais plus connaître ma position en mer, ni consulter les cartes marines, ni écouter de la musique, ni regarder des films et prendre des photos (ni même lire, car ma liseuse ne se charge qu'avec ce même cordon). Ce n'est pas très grave en soi, j'ai en secours le petit GPS à piles indiquant ma longitude et ma latitude, mais je n'ai pas pris la peine d'acheter des piles de rechange avant de partir… Tout ça, plus le fait qu'il est préférable pour continuer que je me réapprovisionne en eau et en nourriture, me décide à m'arrêter quand même. Et puis ça aurait été un peu con de ne pas visiter cette île historique !

L'attente est infernale : *Baluchon* et la bouée s'entendent tout de suite comme des larrons en foire, ils n'arrêtent pas de se jeter mutuellement l'un contre l'autre, le plus souvent de manière très brutale. J'essaie tout un tas de trucs pour les éloigner, rien n'y fait. La zone de mouillage est assez bien protégée de l'alizé par les hautes falaises, mais elle est tout de même soumise à une certaine houle ; le bateau, trop léger, n'est pas maintenu loin de la bouée par le vent et revient sans cesse vers elle comme une balle de jokari. *Baluchon* est en train de vivre une idylle pleine d'ardeur avec cette belle bouée toute jaune. La bienséance aurait voulu que je les laisse seuls tous les deux faire leurs petites affaires, mais je suis là à jouer les voyeurs, avec interdiction de me rendre à terre et même de piquer une tête ou de nager loin de ces tourtereaux en chaleur. Ah, jeunesse !

Sitôt les résultats du test Covid obtenus, un petit *taxi boat* vient nous chercher pour mettre pied à terre. Nous sommes quatre bateaux à entrer. On peut enfin se parler, j'apprends que c'est la guerre en Ukraine. Les formalités sont ensuite d'une étonnante facilité comparées à celles d'Afrique du Sud : juste quelques fiches de renseignements à remplir pour les autorités portuaires, les douanes et l'immigration. En à peine une heure, tout est réglé, le tout dans une courtoisie toute *british*. Comme s'ils étaient responsables de la pandémie mondiale, les fonctionnaires à qui nous avons affaire s'excusent presque pour l'attente en quarantaine. À mon grand soulagement, la liasse incomplète de papelards sud-africains fait largement office de *clearance*. Mais ce n'est pas ce qui m'inquiétait le plus : comme je l'avais appris récemment, il est obligatoire d'avoir une assurance santé et rapatriement pour séjourner sur l'île, et je n'ai pas ce genre de truc. Ce serait couillon de se faire refouler juste pour ce détail après ces sept jours d'attente plus que pénibles, mais un courtier local peut fournir une assurance pour seulement quelques livres pour la durée du séjour sur l'île.

Je tombe instantanément sous le charme de Sainte-Hélène. Jamestown, la ville principale, ressemble à un vieux bourg de province coincé dans les années 1960 – il y a même des cabines téléphoniques dans la rue. Depuis l'apparition du Covid, l'unique avion qui dessert l'île toutes les deux semaines n'amène plus de touristes (qui ne devaient déjà pas être très nombreux auparavant). Cet heureux petit coin de paradis doit être un des rares endroits sur terre qui ne soit pas affecté par le virus et où l'on vit normalement. Ici, pas de masque, pas de gestes barrière, pas de passe sanitaire et tout le tralala. Tout le monde se salue, partout on sent chez les gens une certaine harmonie et l'art de prendre son temps. Comme il n'y a pas de distributeur de monnaie dans la minuscule banque où j'entre, les clients qui font la queue me proposent gentiment de passer devant eux pour me permettre de retirer quelques livres anglaises au guichet. Il n'y a pas vraiment de supermarché pour faire ses courses, juste quelques épiceries plus ou moins achalandées, largement suffisantes pour ravitailler la toute petite cale de *Baluchon* ; on y trouve très peu de produits frais, mais à vrai dire ça ne devrait pas chambouler outre mesure mes rustres habitudes alimentaires. J'achète également un cordon de rechange pour ma tablette et des piles pour mon GPS.

Le seul léger bémol de l'île est son réseau internet complètement archaïque. Dans le petit restaurant où je me suis installé, le wifi est extrêmement cher et vraiment très lent, mais je parviens quand même, en dégustant un bon hamburger accompagné d'une bière fraîche et d'une salade, à envoyer un message annonçant mon arrivée. Apparemment, mon tracker n'émettait plus depuis un moment, mais des nouvelles me concernant ont déjà été publiées sur les réseaux sociaux. Après seulement un petit mois de déconnexion, j'ai presque 300 messages et un nombre incalculable de commentaires sur ma page ; j'essaie en général de répondre, mais là, ça devient un travail démentiel. Heureusement, quelqu'un se ramène avec un ordinateur portable à la table d'à côté, et en se connectant fait disparaître le réseau sur mon antique smartphone, happé par la puissance de son processeur. Ouf ! je répondrai aux messages un peu plus tard.

Le lendemain, j'entreprends de visiter l'île, accompagné par Anne-Claire et Julien de *Colibri*, un jeune couple très sympa que j'ai déjà croisé en Nouvelle-Calédonie. La particularité de Jamestown, enclavé dans une vallée très abrupte, est certainement l'impressionnant escalier de 699 marches qui mène jusqu'en haut de la falaise. Quand nous commençons à l'attaquer, je ne me fais absolument aucun souci sur mes capacités à le gravir très facilement, mais mes jambes, plus du tout habituées à l'effort, ne sont pas de cet avis ; malgré de nombreux arrêts, j'arrive au sommet complètement essoufflé et à bout de force. Je suis vexé comme un pou. Moi qui me croyais en assez bonne condition physique, j'ai grimpé ce maudit escalier à la vitesse d'un petit vieux. Après deux journées de convalescence pour les muscles complètement courbaturés de mes pauvres guibolles, je me lance de nouveau à l'assaut du monstre ; je mets vingt minutes pour en venir à bout, c'est lamentable, le record pour la montée est de cinq minutes et des patates. Je redescends encore plus piteusement vers le village. Pour me consoler, je m'offre un bon thé chaud et un *breakfast* à l'anglaise. Pendant tout le reste du séjour, je commence invariablement ma journée par la montée de cet imbécile d'escalier. Mes jambes s'habituent peu à peu à l'épreuve : au bout d'une dizaine de jours, je parviens à atteindre le sommet en quatorze minutes. C'est très loin du temps de référence, ça me fait penser que notre forme physique, tout comme notre intelligence, ne peut se mesurer qu'en comparaison avec des références établies par d'autres, ce qui permet d'apprendre à s'accepter modestement tel que l'on est.

Bien sûr, il n'est pas question de passer à Sainte-Hélène sans visiter la maison de Napoléon. Je suis surpris en parcourant ses appartements : je l'imaginais en chef de guerre, froid et intrépide, habitué aux rudes conditions des campagnes militaires, mais à la fin de sa vie à Sainte-Hélène, à seulement 50 ans, il était devenu obèse, déprimé et en mauvaise santé. Il passait son temps, paraît-il, à déplacer constamment ses meubles et ses bibelots super kitsch comme un simple homme d'intérieur – c'est tout juste si on ne le décrit pas avec un petit tablier en train de tailler ses rosiers ou de faire des confitures. Ce contraste me saisit, chaque être humain est finalement pétri de contradictions, que l'on soit empereur ou navigateur en dilettante. En réalité, je crois qu'il devait carrément se faire chier sur ce trop petit bout de caillou à la connexion internet minable, et c'est ce qui a certainement eu raison de lui.

Un pêcheur local nous propose d'aller nager avec un requin-baleine qui a élu domicile au nord de l'île. Une occasion pareille ne doit pas se présenter tous les jours, même si ça peut paraître un peu « touriste de base » de se prêter à ce jeu. Le mieux serait de foutre une bonne fois pour toutes la paix à ce magnifique animal qui n'a rien demandé à personne, mais la curiosité me pousse quand même à accepter la proposition. Et puis ça permet à ce brave homme d'avoir un petit complément à ses revenus diminués par les mesures liées au virus. Effectivement, c'est tout bonnement incroyable de voir à seulement quelques mètres cet énorme poisson débonnaire suivi par ses poissons-pilotes. Plusieurs heures après cette visite, malgré ma réticence initiale, je suis encore tout retourné par tant de beauté et de sérénité.

Malgré le charme indéniable de l'île, je suis tout de même obligé d'écourter le séjour : le mouillage est vraiment insupportable pour un petit bateau si léger, les ébats brutaux entre *Baluchon* et sa copine la bouée virent suivant les jours et la houle en de véritables parties d'autos-tamponneuses – moi qui croyais être aguerri à l'inconfort, j'arrive à peine à dormir. À chaque coup contre la bouée, ma tête rentre violemment dans mes épaules, un peu comme un boxeur ; les muscles de mon cou sont tellement contractés que je chope un douloureux torticolis. Il est grand temps de réfléchir à la suite du voyage.

En étudiant la carte des vents de l'Atlantique, si on n'a pas de motifs impérieux de faire escale, la route qui me semble la plus facile en partant de Sainte-Hélène pour rejoindre l'Europe sur un bateau remontant modestement au vent est celle qui rallie les Açores d'une seule traite, à 4 000 milles plus au nord, traçant une sorte de grand « S » entre l'Afrique et l'Amérique, en essayant de passer le Pot-au-Noir aux alentours du 24e degré de longitude ouest, là où il est théoriquement le moins large en cette période de l'année. Cette route facile, rapide et sans difficulté, avec pratiquement tout le temps du bon vent, ne demande qu'une petite cinquantaine de jours de navigation, de la rigolade pour un *Baluchon.* Cette option me séduisait assez à mon départ d'Afrique du Sud, mais maintenant que mon voyage approche un peu trop de la fin à mon goût, je n'arrive pas à me satisfaire complètement de ce choix.

Quelquefois, j'imagine mon retour en Bretagne. Même si j'ai une multitude de projets en tête, il faudra tout de même se confronter dans les premiers temps aux inévitables problèmes liés à la vie terrestre : retrouver un travail ou un moyen de gagner quelques sous, se plier aux contraintes sociales, prendre des rendez-vous, mettre de vraies chaussures, faire sa déclaration d'impôt et tout le tintouin. Tout ça ne m'incite pas vraiment à prendre le chemin le plus direct, d'autant qu'il me reste encore un peu d'argent, et que je peux fréquenter les eaux de l'Atlantique Nord au moins jusqu'au mois d'août sans trop de risque de me prendre du gros mauvais temps.

J'ai appris par hasard peu de temps avant que bien que l'ensemble du Brésil soit toujours officiellement fermé à cause du Covid, la ville de Recife est peut-être ouverte. Même si je n'ai aucune certitude à ce sujet, l'envie d'y faire un petit détour commence à me titiller. Après plusieurs jours de tergiversations, je me décide finalement à me lancer en direction du Brésil, à un peu moins de 1 800 milles à l'ouest. Je ne risque pas grand-chose, à vrai dire, à me présenter par là-bas : si je trouvais porte close, je n'aurais qu'à tenter le grand saut jusqu'aux Açores, voire à pousser la route jusqu'en Guyane française. Et puis l'idée d'ajouter à mon parcours une transat aller-retour rien que pour le plaisir m'amuse aussi beaucoup.

Sainte-Hélène-Brésil, mars 2022

Pas facile de quitter Sainte-Hélène : en plus d'être une île très attachante, avec les habitants les plus accueillants de la terre, impossible de défaire les nœuds que *Baluchon* et sa petite copine la bouée ont faits en se tournant et retournant pendant leurs ébats. Je suis obligé de tailler au couteau la grosse pelote faite par les aussières entortillées. Une fois libéré, sans même un dernier petit bisou à la charmante bouée jaune maintenant couverte de traces de peinture rouge avec laquelle il a passé tant de torrides moments, *Baluchon* bondit comme un cabri répondant à l'appel du large. Je suis obligé de le retenir un peu et de le forcer à faire un petit détour parmi les autres bateaux au mouillage pour dire au revoir aux copains. Olivier et Ghilian de l'*Argo* nous accompagnent un moment avec leur dinghy. Le ciel est grand bleu, le vent est juste comme il faut, ni trop fort ni trop faible. Cap à l'ouest donc, pour une deuxième traversée de l'Atlantique pour *Baluchon*, je ne suis pas mécontent de mon sort.

Dès le premier soir, alors que je suis allongé sur ma couchette à contempler le ciel par le capot grand ouvert, une vague frappe la coque et rebondit pile au-dessus de moi. Je reçois l'équivalent d'un bon demi-seau d'eau en pleine figure. Au lieu de ronchonner comme d'habitude, je me précipite sur la tablette que j'avais mise à charger et qui a été mouillée elle aussi ; je l'essuie le plus vite possible – je crois me souvenir que l'électronique ne fait pas très bon ménage avec l'eau de mer. Ouf, elle s'allume encore, j'ai du bol, mais deux jours plus tard elle me fait connaître son mécontentement d'avoir été arrosée de la sorte, et rend l'âme définitivement. Je tente quand même une réanimation en pratiquant une opération à cœur ouvert ; rien n'y fait, paix à son âme.

Je sors alors mon vieux smartphone tout pété pour qu'il prenne le relais. Après une énième panne de mon ordinateur portable en Afrique du Sud, c'est mon dernier moyen de consulter une carte, j'ai tout intérêt à le choyer, celui-là ; je mémorise quand même mentalement l'entrée du port de Recife et note les coordonnées GPS de la bouée d'arrivée, on n'est pas à l'abri de la loi des séries.

L'alizé souffle pile dans la bonne direction, ce qui nous oblige à tirer des bords de grand largue – ça rallonge un peu la route, mais ce n'est pas vraiment un problème. Il me faut encore une fois un bout de temps pour me mettre à l'unisson avec cette belle navigation qui s'annonce. Une petite voix intérieure n'arrête pas de me répéter : « Ah, ah ! Tout ce beau vent portant qui nous emmène vers l'ouest, il faudra évidemment le remonter quand il faudra faire de l'est pour rentrer à la maison, tu y as pensé, hein, monsieur On-verra-bien !? Et le Pot-au-Noir ? Ça te dit d'y passer des jours et des jours ? Et pour contrer le courant qui descend le long de la côte du Brésil, comment tu vas t'y prendre si le vent te lâche, hein ? Regarde ce bon vent, tu le prends de travers en mettant cap au nord et zou, dans moins de cinquante jours tu es aux Açores. »

Cette petite voix m'énerve un peu : c'est quoi cette manie que j'ai depuis un certain temps de remettre en question mes décisions ? Que l'on soit indécis et qu'on analyse les différentes options, c'est normal, mais une fois la décision prise, pourquoi revenir dessus ? Surtout sans cas de force majeure. J'essaie de me discipliner et de ne pas écouter cette petite voix.

Au bout d'une dizaine de jours, je croise un cargo, et je fais alors ce que je ne fais jamais : je tente de prendre contact avec ma VHF portable. Je pense avoir résolu avant de partir mon problème avec le tracker qui ne donnait plus ma position, mais j'ai comme un petit doute, je voudrais quand même faire connaître à quelqu'un où je me trouve. Je demande au cargo s'il peut envoyer un e-mail de ma part. Le type à la veille, avec un très fort accent asiatique, me répond en me demandant trois fois de suite si j'ai besoin d'assistance et combien il y a de personnes à bord. Je réponds trois fois de suite que je n'ai pas besoin d'assistance, que je veux juste qu'il envoie un e-mail. Je sens bien que mon interlocuteur hésite, un long silence s'installe. Tant pis ! C'est mort ! J'essaierai une prochaine fois avec un autre bateau. Mais au bout d'une bonne minute, le cargo me rappelle : « Avez-vous une autorisation de la police et une assurance pour être ici ? »

Je suis interloqué par la question, sur le coup je ne sais pas quoi dire. Si j'avais été un garçon équilibré, habitué aux échanges courtois entre gentlemen, je lui aurais répondu : « Mêle-toi de tes oignons, Ducon. Tu veux me l'envoyer, cet e-mail, oui ou merde ?! » Mais ma bonne éducation et le fait que je ne sache pas dire « Ducon » en anglais m'empêchent de répondre ça. Au bout de plusieurs secondes, je sors la première phrase qui me passe par la tête : « Non, car je me suis évadé de l'île de Sainte-Hélène, où j'étais retenu prisonnier par de méchants Anglais. »

Plus de réponse de la part du cargo. Je me maudis intérieurement, c'est tout moi, ça : je parle ou trop ou pas assez. C'est comme avec les filles, ça me joue chaque fois des tours. En plus, avec ma fâcheuse tendance à vendre père et mère pour un bon mot, il est évident que mon interlocuteur asiatique ne pourra pas comprendre l'allusion, sans compter que rien que le fait de me prendre pour un empereur mégalo déchu, même par plaisanterie, en dit long sur ma santé mentale. J'hésite à rappeler pour m'excuser et dire que c'était une mauvaise blague. Finalement, je laisse tomber et décide de continuer ma route. Mais étrangement le cargo me rappelle : « OK. "Bal-Hutchong", quel est votre message ? » Je suis tout surpris et déstabilisé, heureusement que j'avais préparé l'adresse en l'écrivant sur une des cloisons. Après plein de remerciements de ma part, le cargo s'éloigne. A-t-il envoyé mon e-mail ? A-t-il compris ma blague ? Sinon, il y a de fortes chances qu'il contacte Interpol pour signaler un prisonnier français en cavale dans une coquille de noix – j'espère qu'on n'ira pas jusqu'à l'incident diplomatique...

Par la suite, je vais encore croiser deux ou trois cargos, mais cette fois je me garde bien d'ouvrir ma gueule et de réveiller l'homme de quart ; de nos jours, ça ne se fait plus de demander sans raison d'envoyer des messages, tout marin sérieux doit posséder son propre téléphone satellite pour donner lui-même de ses nouvelles. Je retourne à mes contemplations solitaires.

Je suis impressionné par la vie foisonnante partout autour de moi. L'Atlantique Sud est de loin l'océan le plus poissonneux que j'aie vu jusqu'à présent ; tous les matins, je retrouve des centaines de tout petits poissons volants sur mon pont, je les engueule chaque fois en leur disant de faire plus attention, que c'est crétin de finir sa vie de bébé poisson comme ça. Un soir, lors d'une chasse frénétique, tout un tas de dorades coryphènes, de superbes poissons bleu électrique d'au moins un mètre de long, sautent de partout hors de l'eau ; à un moment, un énorme spécimen s'emplafonne dans un grand bruit contre la coque de *Baluchon.* C'est sûr qu'avec un choc pareil, la bestiole a dû être gravement assommée et doit maintenant être dans les vapes en train de se noyer ou de se faire becqueter par ses copains. « Putain, faites gaffe un peu à vous, les mecs ! » En revanche, je n'ai pas vu un seul cétacé pendant toute la traversée.

Le matin du vingt-deuxième jour, j'aperçois les lumières de Recife. L'alizé depuis Sainte-Hélène n'a pas varié d'un degré, l'arrivée devrait être facile avec ce petit vent portant. Mais juste à 3 milles de la côte, le vent mollit et s'inverse complètement. Je tire des bords un peu foireux, j'essaie pourtant de barrer le plus finement possible, mais *Baluchon* est trop chargé, j'ai encore avec moi près d'un mois de nourriture et d'eau, et la carène doit commencer à être sacrément dégueulasse. Le vent est très faible et de face, et de gros nuages noirs arrivent à toute vitesse par l'arrière, ce qui indique un truc pas trop net au niveau météorologique. Comme dans le Pot-au-Noir, c'est un peu pile ou face avec les grains : énormément de pluie et pas de vent du tout, ou énormément de pluie avec un vent super fort.

Habituellement, cette situation est assez énervante, mais le fait de me concentrer et de gérer assez sportivement les grains les plus musclés me fait sortir un peu de ma léthargie. Mon esprit et mon corps avaient besoin d'un bon petit dérouillage et d'une stimulation avant de rentrer au port. Chaque dixième de mille gagné me procure autant de satisfaction que si je remportais une partie de petits chevaux. Au bout de cinq heures d'efforts, j'arrive à l'entrée du chenal. Un petit vent léger se lève alors, ce qui me permet de rejoindre tranquillement le yacht-club de Cabanga, situé juste après la ville.

Un semi-rigide vient à ma rencontre. À son bord, Yannick, un Breton de Pleumeur-Bodou installé depuis vingt ans au Brésil. Il est sorti spécialement pour m'accueillir, trop sympa. Nous parlons de choses et d'autres pendant la remontée pépère du chenal. Arrivé sans difficulté au port à la voile, je sors ma godille pour les derniers mètres juste pour ne pas effrayer les gros *motor-yachts* qui pourraient craindre pour leurs coques et crisper le maître du port en enfreignant le règlement, mais je me rappelle qu'on n'est pas en France ici, les gens sont beaucoup plus détendus.

L'accueil est vraiment très agréable, Yannick m'offre une bière bien fraîche et un déjeuner au bar du yacht-club. La vie est belle, que demander de mieux ? Le test Covid obligatoire attendra le lendemain.

Brésil

Ah, le Brésil ! Sur le papier, ça n'aurait pas dû séduire un austère type du Nord dans mon genre. C'est vrai que des clichés sur le pays, j'en avais accumulé des tonnes : le royaume du foot, de la samba, du carnaval, de l'extravagance et de la fête permanente, des plumes dans le derrière et la déforestation de l'Amazonie. Mais la preuve que je ne suis plus aussi coincé qu'auparavant, je vais adorer cette escale absolument charmante.

L'accueil est encore une fois plus que chaleureux, même si peu de Brésiliens sont fans de voile. Ici, en général, quand on a les moyens d'acheter un bateau de plaisance, la priorité va pour un bateau à moteur, avec la plus grosse motorisation, la plus grosse sono, le plus gros barbecue, la plus grosse canne à pêche, la plus grosse glacière à bière et la plus grande plage arrière avec le plus de matelas possible. Pour beaucoup, qui dit « bateau » dit « paraître, vitesse, fiesta, alcool, bouffe, sexe et bons moments ». Malgré ça, avec mon petit *Baluchon*, je suis super bien accueilli. Quelques Brésiliens voileux qui suivaient mon périple avaient prévenu le yacht-club de Cabanga de ma venue possible et Yannick, le président de la fédération locale de voile, qui œuvre pour promouvoir la voile au Brésil, a bien préparé le terrain pour mon arrivée. Tout le monde est charmant avec moi en même temps qu'intrigué par ma balade et mon drôle de bateau. Les démarches d'entrée se font très facilement, les fonctionnaires sont très serviables et essaient de faciliter au maximum les choses.

Pour remercier de toute cette hospitalité, Yannick organise pour moi une petite conférence afin que je présente mon périple. Pour une fois, je ne suis pas aussi stressé de parler devant des gens : l'habitude, le fait de ne pas causer un traître mot de portugais et donc d'avoir besoin de Yannick comme traducteur, et la simplicité et la gentillesse de l'auditoire y ont sans doute joué pour beaucoup.

Le pays est juste en train de se libérer de ces deux éprouvantes années de Covid, le bilan en perte de vies humaines a été très important, mais on sent un peu partout le début de l'endiguement de la pandémie : le masque est de moins en moins obligatoire dans les lieux publics ; il faut juste de temps en temps montrer son passeport vaccinal pour pouvoir entrer dans certaines administrations ou des lieux touristiques.

Comme d'habitude, je fais pas mal de balades solitaires dans la ville, où il se dégage une effervescence spéciale après tout ce temps sans rassemblements. Même le carnaval a été annulé par deux fois ; les gens ont vraiment besoin de se retrouver. Je croise plusieurs fois des concerts de rue plus ou moins organisés ; je me fais malgré moi prendre par l'ambiance très contagieuse et me retrouve au milieu de la foule à me déhancher timidement et chanter en yaourt des chansons en portugais que tout le monde reprend en chœur. J'assiste aussi à un méga concours de danse, où des dizaines de groupes de jeunes rivalisent dans des chorégraphies modernes ; moi qui possède autant le sens du rythme qu'une table basse, voir les autres danser me procure une énergie et une joie sans nom.

Malgré l'accueil, j'écourte un peu mon séjour à Recife – ça reste une très grande ville, avec son lot d'inconvénients et de pollutions, et puis on m'avait parlé à plusieurs reprises d'un endroit qu'il ne fallait à aucun prix louper quand on passe par le Brésil en bateau : la marina de Jacaré, à une soixantaine de milles au nord de Recife.

C'est vrai que ça vaut le détour. Bien planquée dans un Rio entouré de mangrove, la petite marina tenue par Nicolas, un Français, est un véritable coin de paradis. J'y rencontre quelques bateaux voyageurs qui commencent comme moi à pouvoir rentrer à nouveau dans le pays. Beaucoup ont déjà entendu parler de mon voyage. Quand on angoisse naturellement un peu avant de larguer les amarres pour une grande traversée, connaître des histoires de zigues qui l'ont déjà fait sur des bateaux beaucoup plus petits, ça rassure un peu. Je suis tout de suite adopté, et invité à raconter mes escales. Une grande partie des bateaux arrivent d'Europe via le Cap-Vert et en sont au début de leur voyage autour du monde ou de l'Atlantique. Je fais un peu office de grand frère en racontant le Pacifique et l'Indien ; l'ambiance est super sympa.

Trois ou quatre bateaux ont l'intention de faire un périple sur l'Amazone, ils me proposent de les accompagner et de tracter *Baluchon.* J'hésite beaucoup ; c'est vrai que c'est tentant, mais ce détour de plusieurs semaines me fera louper l'été, la bonne saison pour rentrer en France, et donc prolonger mon voyage d'un an. Et puis mon fils vient de m'annoncer qu'il part prochainement s'installer en Nouvelle-Calédonie ; comme je ne l'ai pas vu depuis plus de trois ans et que je ne le reverrai pas avant un bail, je décide de prendre la route du retour à la maison.

Pendant les derniers jours au Brésil, alors que je me baladais dans les rues de João Pessoa, à quelques kilomètres de Jacaré, j'entends derrière moi le « clac ! clac ! » des sabots d'un cheval sur le macadam. Je me retourne et aperçois un gamin d'une douzaine d'années perché à l'arrière d'une antique carriole tirée par un cheval complètement usé et efflanqué. Le gamin invective sans complexe les voitures et les motos qui le doublent dans tous les sens. Il dégage une aura incroyable, saute à terre de temps en temps pour fouiller dans quelques poubelles sur le bord de la route, pour bondir à nouveau sur sa carriole afin de planquer ses trésors dans un grand fût en plastique bleu. Ce petit bonhomme semble dominer le monde, il rit à la vie et à la mort, aux klaxons qui s'actionnent de toutes parts, aux gaz d'échappement, au temps qui passe, aux dieux et aux idéologies des hommes. C'est sans nul doute un roi, le roi de João Pessoa. Je suis subjugué, saisi par la vue de ce gamin courant pieds nus sur l'asphalte brûlant, et bondissant comme un diable sur sa charrette hors d'âge.

Bien après que ce roi eut disparu dans la circulation, je n'ai pas bougé d'un centimètre, restant là, complètement hébété au beau milieu du trottoir. Longtemps je l'espère je me souviendrai de ce moment fugace, de la vue de ce roi, le plus heureux des hommes, qui ne devait posséder qu'un cœur, un vieux cheval et une carriole déglinguée.

Brésil-Açores, avril-juin 2022

Le jour du départ, comme d'habitude, tous les copains de la marina sont présents, j'ai même droit à un bon pain tout juste sorti du four, un appétissant cake à la banane, des confitures maison et des dessins d'enfants me souhaitant bon voyage, c'est trop sympa. C'est l'étale de marée haute, ça devrait permettre de profiter du courant pour rejoindre la mer. *Bye bye*, Brésil ! J'ai une fois encore un gros pincement au cœur devant tous ces bras qui s'agitent et ces chaleureux coups de corne de brume.

Baluchon arrive sans problème à sortir du Rio et attaque, au près serré, le long chenal qui mène à l'océan ; ça gîte et ça gicle de partout, c'est sport et ça fait plaisir. Mais sitôt le chenal passé, je me chope un bon mal de mer. C'est ma faute, si je ne veux pas être malade, il y a deux règles à respecter impérativement : surtout pas d'alcool le soir précédent et pas de café le matin, sinon c'est vomi assuré. Or, la veille, quelqu'un m'a offert une caïpirinha d'adieu qu'il aurait été très malpoli de refuser, et ce matin mon sympathique voisin de ponton m'a gentiment proposé un café à son bord. Tout faux, mon gars ! Ha, tu t'es pris pour un vieux loup de mer aguerri, hein !? Eh bien maintenant tu dois payer, c'est le jeu. Je ne suis pas encore au point de rendre mon petit déj, mais je suis hyper barbouillé. Le long bord de près serré n'a évidemment pas amélioré la chose.

Je passe la première nuit en veille, il y a plein de bateaux de pêche qui circulent un peu partout, et surtout des cargos qui longent la côte dans un sens comme dans l'autre – je manœuvre deux ou trois fois pour en éviter. Au petit jour, je croise une masse sombre à juste quelques mètres, c'est une jangada sans feu de navigation. Les jangadas sont des sortes de radeaux étroits de 6 ou 7 mètres de long munis d'une voile quasiment aussi rudimentaire que celle de *Baluchon*. Les pêcheurs partent assez loin au large avec ce genre d'embarcation. Il y a plusieurs personnes à bord, je lance un « *Bom dia* » ; on me répond je ne sais quoi en portugais sur un ton enjoué.

Je compte prendre l'alizé du sud-est par le travers, le but étant d'essayer de me décaler au maximum vers l'est, ça sera toujours ça de gagné dans l'hémisphère Nord quand les alizés s'inverseront et s'orienteront alors nord-est. C'est la première fois depuis mon départ il y a trois ans que je mets le cap à l'est. L'équateur et donc le redoutable Pot-au-Noir sont à environ 450 milles plus au nord. Je suis prêt à en découdre, j'ai tellement la niaque que je pourrais pratiquement bouffer un diplodocus en entier. Comme prévu, peu avant l'équateur, je me tape deux jours de vents faibles et de grains, avant de récupérer un vent d'est un peu timide ; je passe petit à petit dans l'hémisphère Nord.

« Alors là ! Fastoche, mon Baluche ! Cette fois encore, ce Pot-au-Noir, ça a été de la rigolade ! »

Pendant les jours suivants, j'arrive à grappiller deux ou trois degrés de latitude, malgré une vitesse désastreuse à cause de ce vent mollasson, mais qui a l'avantage d'être constant en direction ; en plus, il n'y a presque plus de grains, je commence à m'impatienter. « Hohé ! les alizés, vous rappliquez ou quoi ? » Mais les alizés sont aux abonnés absents. Pire, au bout de quatre jours, le vent m'abandonne à nouveau complètement, je suis maintenant pratiquement scotché sur place, les grains reviennent en force. À plusieurs reprises, je me retrouve empêtré dans d'énormes champs de sargasses, le vent est vraiment trop faible pour s'en dégager à la voile, je dois presque chaque fois m'en sortir à la godille.

Pour dire la vérité, jusqu'à présent je n'ai jamais observé de grandes pollutions plastiques au large, juste parfois une bouée de pêcheur ou une bouteille ; il n'y a qu'à l'approche des côtes que c'est généralement plus catastrophique. D'ailleurs, en cas de panne de GPS près de la côte du Brésil, il n'y a pas lieu de s'inquiéter, au fur et à mesure qu'on s'approche de la terre, le nombre de détritus augmente d'une manière hallucinante, ce qui permet d'évaluer à coup sûr la distance qui nous sépare de la côte. Mais là, au milieu de nulle part, l'ensemble des étendues d'algues, qui doivent sans doute faire office de pièges à déchets, sont recouvertes de bouteilles, de gobelets et de sacs plastiques. C'est carrément dégueu, le pire c'est qu'on a l'impression que certains de ces détritus viennent juste d'être jetés tant ils ne semblent même pas avoir commencé à se ternir avec le soleil.

Il fait une chaleur à crever, je ne peux même pas allumer le smartphone pour avoir ma position sans qu'il se mette en sécurité. Même la GoPro qu'on m'a prêtée à La Réunion, que j'allume pour filmer les champs de plastique, rend l'âme, accompagnée d'une drôle d'odeur de cramé. Je sens mon cœur qui s'emballe à force de pomper mon sang, qui doit se liquéfier un peu plus à chaque degré supplémentaire, c'est épuisant. Mais c'est mon cerveau qui semble le plus morfler. Je m'en aperçois quand je rate deux fois de suite un simple nœud de chaise que je réalise habituellement sans réfléchir. Je me fais un petit test en essayant de compter à rebours en partant de vingt ; je mets un temps fou, ça craint un peu. Déjà qu'en temps normal j'ai parfois l'impression que mes neurones se grippent d'un rien, il va peut-être falloir songer à préserver ceux qui restent. Je sors la tondeuse et me ratiboise entièrement les cheveux et la barbe, et je m'enveloppe la tête dans un vieux tee-shirt imbibé d'eau de mer. J'essaie de ne plus produire d'efforts aussi bien physiques qu'intellectuels ; facile à faire : je suis un garçon.

J'ai le moral qui flanchouille, je commence à me demander ce que je fous là. Je ne me suis pas préparé mentalement pour une traversée aussi longue, il faudrait que je remette mon cerveau à fonctionner pour travailler sur ce problème, mais avec cette chaleur, ça demande vraiment de trop gros efforts.

Je rencontre plusieurs fois par jour des grains plus ou moins violents. Le vent qui les accompagne nous permet d'avancer un peu, j'en profite également pour récupérer un maximum d'eau de pluie ; j'arrive en trois ou quatre jours à refaire mes réserves grâce à une petite bâche installée sur le portique arrière.

Au bout du cinquième jour de ce programme pénible, juste au début de la nuit, au moment où je commençais à m'endormir, un nouveau grain nous tombe dessus. Super ! Je n'en avais pas eu de la journée, on va pouvoir avancer. Je réduis un peu la voile, la pluie tombe vraiment très fort, je m'enferme, prends la barre intérieure et tente de faire du nord, mais le vent monte de plus en plus, impossible de barrer, il faut encore réduire, donc sortir une fois de plus la tête par le capot. C'est un déluge sans nom, j'ai l'impression d'être sous une gigantesque cascade, mais je ne peux même pas dire si l'eau vient du haut, du bas ou d'une direction précise de l'horizon. C'est à peine croyable, j'ai du mal à respirer, le vent semble complètement fou, je me renferme vite fait. J'ai juste laissé l'équivalent d'un mouchoir de poche en guise de voile, mais c'est encore beaucoup trop. C'est démentiel, je suis obligé de sortir à nouveau pour enrouler ce qui reste de voile ; plein de flotte en profite pour rentrer dans le bateau, ma lampe frontale a tellement pris l'eau qu'elle ne marche plus du tout. Sous la pression, les deux capots fuient à grosses gouttes, le bateau est gîté à plus de 45 degrés malgré le fait d'être à sec de toile. Des grains costauds, j'en ai déjà croisé pas mal, mais des comme ça, jamais. Tout vibre d'une manière hallucinante : c'est sûr, tout va exploser d'une minute à l'autre. « Cette fois, mon poto, c'est la fin des haricots ! »

J'arrive à trouver la lampe de secours, la braque sur le compas qui tourne dans tous les sens. Au bout d'un quart d'heure, aussi vite que c'est arrivé, tout s'arrête d'un coup. En un instant, *Baluchon* se remet droit, il n'y a plus de pluie, plus de vent, plus de vacarme, plus rien, c'est le calme absolu. Je suis encore tout groggy ; j'ouvre le capot et éclaire la mer toute plate et toute laiteuse, ça fume de partout. Je déroule la voile, mais il n'y a plus un brin d'air, tout est dégoulinant et pendouille lamentablement.

Allez, pause ! J'enroule la voile et m'allonge sur ma couchette trempée, puis tente de dormir.

« Vous reprendrez bien un peu de diplodocus, monsieur ?

— Heu, non merci, ça ira. »

Quand je me réveille le lendemain, il fait jour, la mer est toujours aussi calme. Le ciel est grand bleu et le soleil cogne déjà. Je sors mon matelas et mes vêtements pour les essorer et les faire sécher un peu ; j'écope et j'essuie ensuite comme je peux l'intérieur du bateau.

Visiblement, j'ai crié victoire beaucoup trop tôt, le Pot-au-Noir n'avait pas encore dit son dernier mot. Dans l'après-midi, un peu de vent se lève, un vent du nord. « Hey ! Mais ça ne convient pas du tout ! Ça vient de la plus mauvaise direction qui soit ! » Je fais un cap lamentable, tantôt vers les Caraïbes, tantôt vers le Gabon, c'est pratiquement des bords carrés. Péniblement, j'arrive à gagner seulement 10 petits milles par jour dans la bonne direction. La moyenne quotidienne depuis le départ a été d'à peine 50 milles, il en reste plus de 2 600 pour rejoindre les Açores.

Au bout de trois jours, le vent commence enfin à virer nord-est, ça s'annonce bien, tout compte fait. Petit à petit, il se renforce et se stabilise en direction. Cette fois, ça y est, les alizés sont touchés, nous sommes vraiment pour de bon dans l'Atlantique Nord. Je félicite mon petit *Baluchon.* Même s'il ne s'est pas laissé faire, on a réussi à bien le ratatiner, ce foutu Pot-au-Noir. Cette idée me redonne du peps et me fait sortir de la morosité qui me tenait depuis quelques jours. Mais toucher les alizés ne signifie pas pour autant que nous attaquons la partie la plus peinarde de la traversée, je dois faire au maximum route vers le nord, ce qui implique de traverser toute la zone en serrant le vent le plus possible.

Ah, c'est sûr, si j'étais parti comme prévu directement de Sainte-Hélène, le vent aurait été plus de travers, ce qui aurait grandement amélioré la vitesse et le confort… Je suis en train de payer mon détour par le Brésil. Mais la petite voix ne ramène pas sa fraise, même si elle a encore une fois raison, elle sait aussi qu'elle n'est rien qu'une trouillarde ennuyeuse. Et puis ce qui est fait est fait, pas besoin d'y revenir.

Ça cogne dur, le vent est maintenant bien établi entre 20 et 25 nœuds, *Baluchon* plante des pieux. Il n'y a pas le choix, il faut passer en force. Les vagues nous submergent régulièrement, mais comme elles viennent par l'avant, je peux laisser le capot entrouvert sans me faire asperger.

Heureusement, car il fait encore très chaud, être enfermé complètement dans le bateau aurait été un vrai calvaire. Un autre avantage d'être au près serré : *Baluchon* se dirige tout seul comme un grand, je remise Bébert la girouette.

Il me faut pourtant plusieurs jours pour vraiment affiner les réglages – ça demande encore plus de subtilités que sur des allures portantes. Même si la voile de Nouvelle-Calédonie s'est déjà pas mal creusée et fait maintenant des plis disgracieux au fur et à mesure que je l'enroule, j'arrive à trouver, rien qu'en tournant un tout petit peu le mât, le compromis entre le cap et la vitesse d'une manière assez précise. À la limite, le safran ne sert plus à rien, il nous freine plus qu'autre chose. C'est sûr, mon prochain bateau aura un safran escamotable. En bateau à voile, comme dans pratiquement tous les domaines, on n'a jamais fini d'apprendre.

Malgré le vent soutenu, la vitesse est assez lamentable : 60 petits milles par jour en moyenne. C'est vrai que *Baluchon* n'est pas vraiment taillé pour faire du près serré. Je me rassure en me disant que même s'il était doté de voiles et d'un gréement plus performants ainsi que d'une carène plus étudiée pour cette allure, sa petite taille et son poids ne lui auraient jamais donné assez de puissance pour éviter d'être stoppé à chaque vague.

Peu après avoir passé la latitude du Cap-Vert, le vent se met à mollir et passe à environ 10 nœuds. Les conditions de navigation s'améliorent d'un coup ; ça fait tout bizarre, ça ne cogne presque plus et les vagues ne passent plus par-dessus le pont, mais la vitesse, qui n'était pas vraiment bonne jusqu'à présent, baisse encore. En plus, je perds pratiquement 10 degrés de cap. Quelle idée de se lancer dans un parcours pareil !

Depuis les champs de sargasses au niveau de l'équateur, un groupe de poissons noirs d'une vingtaine de centimètres nous accompagne, formant une sorte de triangle de chaque côté de *Baluchon* ; deux ou trois dorades coryphènes font aussi route à nos côtés. Maintenant que j'ai moins de risques de me prendre des paquets de mer en pleine tronche, je passe des heures debout par le capot à contempler l'océan. J'ai l'impression d'être comme un chef d'État escorté par sa propre garde républicaine ; ça me fait un drôle d'effet, j'espère que je ne vais pas me prendre un gros melon en arrivant à terre en me prenant pour un cador donneur de leçons qui se croit plus malin que les autres.

Un beau matin, alors que le soleil inondait l'horizon d'un rouge flamboyant, un groupe de dauphins débarque de nulle part pour jouer dans le sillage et dans la vague d'étrave. Je les avais entendus venir grâce à leurs petits cris stridents que l'on perçoit très bien de l'intérieur du bateau. Le spectacle est magnifique et me réjouit, la journée s'annonce particulièrement belle. C'est sûrement l'accumulation de petits moments comme ceux-là qui rend les navigations au large si intenses, je suis sur un petit nuage de plénitude.

Comme d'habitude, au bout d'un moment, se lassant de jouer avec ce drôle de canot qui avance à la vitesse d'un escargot, les dauphins se barrent aussi vite qu'ils sont venus. *Baluchon* et moi nous retrouvons à nouveau seuls sur l'océan ; je retourne sur ma couchette préparer mon petit déjeuner. Un moment plus tard, quand je ressors la tête par le capot pour me brosser les dents, je sens tout de suite qu'il manque quelque chose ; en me penchant pardessus bord, je ne vois plus mes copains poissons. Mais ils sont passés où, ces nigauds ? « Oh, nooon ! C'est sûrement les dauphins qui ont fait le coup ! Mais de quel droit ils se sont permis de dézinguer ma propre garde personnelle !? Mais pour qui ils se sont pris, eux !? Y a plus de respect, je vous jure ! » Je suis attristé, je m'étais attaché à cette escorte silencieuse qui nous accompagnait depuis plus d'un mois. Salauds de dauphins !

Quand j'arrive à passer la zone des alizés, à peu près au niveau de la latitude des Bermudes, le vent vire un peu vers l'ouest, chouette ! Pour la première fois, je peux enfin faire un cap direct vers ma destination. Les Açores sont à seulement 600 petits milles, je perçois enfin le bout de cette traversée qui commence à être un peu longue et éprouvante. Dans mon enthousiasme, comme un débutant, je me mets à calculer le jour de mon arrivée, chose qu'il ne faut jamais faire, je le sais. Je ne suis pas madame Irma, le vent ne fait jamais ce que je lui demande, et je n'ai pas de possibilité d'avoir la météo à bord, comment pourrais-je deviner le jour de mon arrivée ?

Comme un fait exprès, deux jours plus tard, le vent vire à nouveau au nord et mollit complètement – je fais des bords négatifs, c'est dingue ! Maintenant, je m'éloigne de l'objectif de presque 10 milles par jour, je dois être dans une veine de courant qui semble aller tout droit vers la Floride. Malgré toute sa bonne volonté, *Baluchon* ne peut pas lutter, surtout avec ce vent trop faible. Je commence à en avoir marre et à perdre patience. Par moments, je suis pratiquement au bord de la crise de nerfs, c'est vraiment navrant d'avoir si peu de chance. C'est sûr, quelqu'un, quelque part, m'en veut personnellement, ce n'est pas possible autrement ! J'en suis presque à en appeler au bon Dieu ou à un de ses adjoints bien placés pour qu'il intervienne en ma faveur, bref, je déraille complètement.

Il faut que je me reprenne en main, je sais bien que c'est un trait caractéristique de l'être humain de croire en des forces supérieures qui pourraient agir sur notre destinée, mais j'ai habituellement une tendance naturelle à penser qu'il n'y a qu'une seule personne au monde sur qui on peut compter : soi-même. Qui plus est, j'ai toujours cette manie d'être gêné de demander de l'aide, aussi divine soit-elle.

J'essaie de prendre du recul, c'est vrai que cette traversée dure plus longtemps que prévu, mais ce n'est pas une raison pour perdre les pédales. Avec un peu de patience, je vais bien réussir à franchir cette foutue veine de courant, et puis le vent va forcément revenir un jour, quand même ! J'arrive petit à petit à me libérer la tête en traçant une nouvelle route tenant compte du courant et du vent défavorable : si je prolonge mon cap vers le nord-ouest jusqu'à la latitude des Açores, où, théoriquement, je devrais trouver du vent et peut-être aussi une veine du

Gulf Stream, je pourrais peut-être alors enfin faire cap à l'est. Cette option fait juste prolonger le parcours de 400 milles, c'est que dalle par rapport à la distance déjà parcourue, pourquoi je me prends la tête pour si peu ?! Après tout, la situation n'a rien de grave, le bateau est en parfait état, je n'ai aucun souci physique et la vie est belle. « Tout va pour le mieux, mec, faut pas se mettre dans un état pareil ! » Un bon repas de fête composé d'une boîte de raviolis froids avec du fromage en poudre et une conserve de fruits au sirop me requinque suffisamment pour que j'arrive à passer du mode « navigateur à peu près maître de sa destination » au mode « navigateur à la dérive qui arrivera bien un jour quelque part ».

Au bout de trois jours, comme par magie, nous sortons de cette veine de courant ; je gagne tout de suite presque 20 degrés de cap sur chaque bord et avance de 30 petits milles par jour, c'est pas la folie mais ça fait du bien ! Au moins, je ne m'éloigne plus du but. En temps normal, cette moyenne m'aurait complètement déprimé, mais avec la sorte de méthode zen que je me suis imposée, j'arrive à rester stoïque. De toute façon, il faut accepter l'adversité comme elle vient, râler ou s'énerver ne changera rien au problème.

Je me fais petit à petit à cette sorte de voyage immobile. Comme il n'y a pas grand-chose d'autre à faire qu'attendre, je passe mes journées à bouquiner. Je me régale à relire l'intégrale de la saga des racontars du Grand Nord de Jørn Riel (de loin mon auteur favori), suivi de Hemingway, Kerouac, Blixen, Saint-Exupéry, Camus, et des polars de

Connelly, mais également Jean-Jacques Rousseau avec les très agréables *Rêveries du promeneur solitaire.* C'est curieux, je n'ai aucun souvenir d'avoir téléchargé ce livre avant de partir, j'ai sûrement dû être séduit par le titre. La nuit, j'écoute en boucle des podcasts de France Inter, notamment les passionnantes émissions de Jean Claude Ameisen, « Sur les épaules de Darwin ». Le reste du temps, je contemple la mer, les nuages dans le ciel, les couchers et les levers de soleil, les vagues et les oiseaux de mer, bref, je passe de bons moments de volupté.

J'ai maintenant complètement fait abstraction du temps comme sur certaines étapes précédentes, mais cette fois je perds aussi la notion de l'espace tant ma vitesse est faible. Un jour peut-être le vent redeviendra favorable, mais pour le moment je m'en fous un peu. J'espère seulement que mon tracker fonctionne toujours pour ne pas inquiéter les gens à terre.

N'ayant aucune idée du système météorologique dans lequel je me trouve, je tente quand même une ruse de Sioux en tirant deux longs bords sur plusieurs jours pour pouvoir me décaler du vent, mais juste au moment où je commence à avoir enfin les Açores en ligne de mire, ce salopard vire pour la première fois depuis dix jours et se remet pile en face de moi. Cette fois, je le prends avec humour. Il faut être lucide, après tout, je suis bien trop insignifiant, aucune force occulte et extérieure ne peut m'en vouloir ou s'intéresser à mon sort, c'est quoi ce délire paranoïaque que je me suis fait il y a une semaine ? Je suis juste au mauvais endroit au mauvais moment, c'est tout.

De toute façon, il n'y a rien d'autre à faire que de prendre son mal en patience et faire avec ce qu'il y a ; la seule chose qui est sûre, c'est que je vais mettre beaucoup plus de temps que les quarante-cinq jours initialement prévus.

Je fais l'inventaire de mes provisions et commence à mettre en place un rationnement. Je table maintenant sur une durée totale de cinquante-cinq jours, ce qui me fait un paquet de nouilles chinoises et une boîte de sardines ou de thon par jour ; nickel ! ça devrait le faire sans problème. J'ai aussi un stock de purée sud-africaine en sachet, mais rien que l'idée d'en manger à nouveau me procure instantanément d'affreux ballonnements – à ne consommer qu'en dernier recours.

Après presque trois ans de tropiques, je trouve qu'il commence à faire de plus en plus frisquet. Surtout la nuit, où j'enfile les trois tee-shirts que je possède l'un sur l'autre ainsi que mon unique sweat et une sorte de petit gilet en polaire – il n'y a rien de trop pour résister à la fraîcheur, mais ça me prive de mon unique oreiller, qui n'est rien d'autre que mon sac à vêtements maintenant presque vide.

À 300 milles de l'arrivée, le vent toujours dans le nez diminue encore, je suis à nouveau obligé de réévaluer la durée à soixante-cinq jours, et de réduire une nouvelle fois mon régime à un demi-paquet de nouilles par jour et une boîte de sardines tous les deux jours. Mais j'ai aussi un paquet de cacahuètes, un pot de cornichons et un sachet de pruneaux, pas de quoi paniquer.

Je ressors également mon petit dessalinisateur à main pour économiser l'eau – je ne l'avais plus utilisé depuis la traversée jusqu'à La Réunion, mais l'eau produite est carrément infecte, j'aurais dû le rincer bien comme il faut à l'eau distillée avant de le remiser. Mais de l'eau dégueulasse, c'est mieux que pas d'eau du tout.

Au bout du soixantième jour, j'aperçois la fameuse montagne caractéristique de l'île de Pico, qui ressemble à un sein de femme. Après tout ce temps seul en mer, ça devrait me mettre dans tous mes états, mais je suis si concentré sur la marche de *Baluchon* dans ce tout petit vent que j'ai l'impression que rien ne peut m'émouvoir ni m'atteindre. Même si des filles du Lido se retrouvaient malencontreusement parachutées sur ma plage avant et se mettaient à danser un french cancan endiablé, ça ne me ferait pas plus d'effets que ça.

À 10 petits milles de l'île de Faial, je suis complément encalminé, il n'y a plus un souffle d'air. C'est assez éprouvant, car je vois distinctement l'île et les petits points blancs que forment les maisons. Pour passer le temps, je plonge afin de nettoyer la coque, histoire d'améliorer les performances (si le vent daigne un jour revenir), mais l'eau est glaciale, je me fais saisir violemment, j'ai les grelots et le crâne comme pris dans un étau. Heureusement pour moi, la carène est relativement propre, ce qui fait que je reste à peine dix minutes dans l'eau. Malgré un beau soleil et la totalité de mes vêtements sur moi, impossible de me réchauffer. Vivement la terre, une douche brûlante et un bon repas chaud !

Les Açores

J'adore cet archipel portugais perdu au beau milieu de l'Atlantique ; j'y ai plusieurs fois fait escale, volontairement ou non d'ailleurs, car la dernière fois que j'y ai mis les pieds, c'était sur l'île de São Miguel, en débarquant du cargo qui m'avait secouru après le naufrage du *Skrowl*. Sur le quai, toute une tripotée de fonctionnaires avait fait le déplacement rien que pour m'accueillir et remplir des formulaires sur mon accident – même le consul de France était présent ! Ma petite mésaventure avait au moins eu l'avantage de donner un peu de travail sur cette île, où il ne doit habituellement pas se passer grand-chose. Malgré les circonstances, j'en avais quand même gardé un bon souvenir. Cette fois, j'ai visé l'île de Faial, peut-être inconsciemment pour conjurer le mauvais sort, car à un moment, São Miguel était bien mieux placé par rapport au vent, mais j'avais quand même lutté contre la facilité pour rejoindre cette île, rendez-vous mythique et incontournable de tous ceux qui font la transat retour des Caraïbes.

L'arrivée au port de Horta au petit matin de mon soixante-troisième jour de mer, sous un petit crachin et quelques cris de mouette, me rappelle un peu la Bretagne – un avant-goût de retour à la maison. Je suis si content d'être arrivé que j'en oublie instantanément toutes les petites galères de cette traversée.

Je suis accueilli par Magaly et Didier de *Falbala* – on s'est déjà croisés plusieurs fois sur la route du tour du monde, ça me fait trop plaisir de les revoir ! Ils ont même prévenu la capitainerie pour me trouver une petite place au ponton, car en cette période surchargée de retour des Antilles, les bateaux arrivants doivent être à l'ancre dans la darse, mais vu la petite taille de *Baluchon*, j'ai droit à un traitement de faveur : la capitainerie m'octroie une place sur un ponton réservé aux petits bateaux à moteur locaux.

Après les démarches d'entrée expédiées en moins d'un quart d'heure et une merveilleuse douche bien chaude, je suis invité sur *Falbala* pour un ti-punch et un bon repas de retrouvailles ; on ne s'était pas revus depuis l'Afrique du Sud, on échange des nouvelles de tous les bateaux copains.

Quand je rejoins ma couchette en début d'après-midi, je m'étale comme un bienheureux, et sombre immédiatement dans un bon petit roupillon réparateur. Mais lorsque je me réveille à la nuit tombée, j'ai l'impression d'avoir un tomawak planté au milieu du front : j'ai une gueule de bois pas possible, le ti-punch d'accueil et le verre de vin accompagnant le repas ont visiblement été fatals à mon estomac presque vide depuis une bonne semaine. La terre ferme est elle aussi semée d'écueils.

Le lendemain, j'attaque le grand nettoyage de *Baluchon*, qui commence à en avoir sérieusement besoin : la crasse et la moisissure ont envahi tous les recoins du bord, je mets presque deux jours pour vider entièrement le bateau, le nettoyer de fond en comble et réembarquer, ranger et ficeler toutes mes affaires (heureusement que je n'ai qu'un bateau de 4 mètres !). Je plonge également pour nettoyer la coque au-dessus de la flottaison, recouverte d'algues à la suite du long bord de près à la gite dans l'alizé, mais cette fois j'enfile une combinaison en néoprène – on n'est plus dans les lagons de Polynésie, je le confirme. *Baluchon* retrouve petit à petit sa bonne bouille de moineau du large.

Au bout de trois jours, le petit bateau de pêche dont j'occupe la place revient. Je n'étais pas prévenu et dois dégager en urgence, et comme je déteste faire attendre les gens, je me dépêche pour libérer la place, mais juste au moment de soulever ma godille, une douleur fulgurante me transperce le dos. « Humpf ! J'y crois pas ! Un lumbago ! » Je fais ma manœuvre plié en deux – c'est un calvaire pour rejoindre un bout de quai situé à seulement une quinzaine de mètres. J'arrive ensuite à descendre tant bien que mal jusqu'à ma couchette et essaie de ne plus bouger un cil. Je me console en me disant qu'il vaut mieux que ça se produise ici au port plutôt qu'en pleine mer, mais je douille quand même au moindre mouvement.

Le lendemain, je mets un bon quart d'heure pour m'extirper du bateau et grimper sur le quai ; je marche comme un vieillard, c'est pas beau à voir. Il va me falloir une bonne semaine pour me remettre d'aplomb en me forçant à marcher au minimum une heure par jour au pas de course, à nager dans l'eau fraîche chaque matin et à faire des exercices de gainage. Mon corps m'a donné un petit signe d'alerte, il va falloir être vigilant et discipliné à l'avenir.

Le fait d'avoir quitté ma place au ponton, bien planquée des regards, pour me retrouver le long du quai juste en face de la capitainerie et pile poil sur la route qui mène en ville me sort définitivement de la discrétion. Tous ceux qui passent et ont entendu parler des aventures de *Baluchon* viennent pour discuter avec moi ; les autres, intrigués par ce drôle de rafiot, s'arrêtent également pour me demander d'où je viens. Comme à chaque escale, je fais la connaissance de tout un tas de gens différents, de tous les âges, de toutes les catégories sociales : de jeunes étudiants en voyages initiatiques, des familles, des gens qui font une pause dans leurs vies, d'autres qui changent de vie, d'autres encore qui fuient ou se trouvent, de vieux loups de mer et même un équipage québécois de sorcières lumineuses. Certains viennent même me voir avec leurs enfants (là, par contre, je ne sais pas vraiment si c'est judicieux de me donner en exemple à des enfants, mais je joue quand même le jeu et essaie de passer pour quelqu'un de sensé et rationnel).

Malgré plus de deux mois de solitude totale, je prends beaucoup de plaisir à tous ces échanges. Comme *Baluchon* est maintenant tout propre et ne nécessite aucune réparation ni aucun travail d'entretien et que mon dos m'impose de ne pas trop faire le foufou à crapahuter à travers l'île, j'ai tout mon temps pour ces papotages et ces rencontres vraiment sympathiques. Mon seul problème est de me tenir à distance des bars fréquentés par les marins, car je suis presque chaque fois invité à boire un verre par des équipages. Depuis le coup de tomawak le jour de mon arrivée et mon alerte au dos, j'essaie dorénavant d'avoir une hygiène de vie à peu près saine et tente d'éviter les excès en tout genre.

Dès que je peux enfin m'accroupir sans risque de rester coincé au sol, je me mets, comme le veut la tradition des lieux, à dessiner le logo de *Baluchon* sur le quai. J'adore ce spectacle de quais bariolés de toutes ces peintures éphémères – je trouve ça charmant de laisser sa trace ainsi. Certains dessins sont dignes de la chapelle Sixtine, d'autres sont juste un nom et une date peints à la va-vite, parfois des dessins d'enfants, ou un tee-shirt aux couleurs d'un bateau collé à même le bitume. Tout ça m'émeut beaucoup, en même temps que ça me déprime un peu : si quelqu'un se mettait à faire ça sur un quai en France, il est plus que probable qu'on lui fasse payer une forte amende, plus les frais de réfection et de nettoyage, et une interdiction à vie de s'approcher du lieu de l'infraction. L'idée du retour prochain au pays des règlements sinistres me rend tout triste ; je me reprends en me disant que ce n'est pas vraiment interdit, c'est juste défendu de se faire prendre, ce qui est peut-être plus rigolo.

Açores-Bretagne, juillet-août 2022

Ça fait maintenant une semaine que j'ai quitté Horta. Normalement, je devrais avoir déjà repris mes repères et retrouvé la plénitude du large, mais je suis morose. Pourtant, mon vieux rêve un peu dingue de tour du monde est sur le point de se réaliser, mon vaillant petit navire m'a pratiquement amené jusqu'à bon port, je devrais être content, content aussi de retrouver mon petit atelier, la minuscule cabane attenante dans laquelle j'habite, où l'on peut à peine se tenir debout par endroits. Tout doit être envahi par les ronces et les toiles d'araignée à présent, je devrais avoir hâte d'y retrouver mes livres, mes outils, de rallumer du feu dans mon vieux poêle, de réchauffer mon thé dans ma bouilloire japonaise toute patinée, de respirer la bonne odeur de la poussière de bois dans l'atelier le matin. Oui, je devrais être heureux de retrouver l'univers qui était le mien avant mon voyage.

Mais je ressens un certain malaise. Le ciel, toujours aussi gris et bas, le manque de vent doivent certainement y être pour quelque chose, mais c'est surtout toutes ces questions qui me trottent dans la tête : est-ce que ma vie sera toujours la même qu'avant ? Est-ce que je n'aurai pas trop changé ? Bien sûr que si ! On ne revient jamais d'un voyage aussi long sans changer, et puis le regard des autres sur moi ne sera évidemment plus le même, comment vont-ils me considérer maintenant ? Ce voyage m'aura appris à communiquer un peu moins maladroitement, à avoir moins peur des autres. Peut-être que c'est ça qui me turlupine : l'appréhension de retourner à ma vie solitaire de quasi-ermite ? Pourtant, je n'étais pas malheureux avant, bien au contraire. J'essaie de chasser toutes ces questions sans réponse en me disant que la fin d'une aventure, c'est forcément le début d'une autre, mais rien à faire, je reste maussade. Je m'en veux aussi un peu de ne pas atteindre mon degré de plénitude habituel, de ne pas apprécier comme il faut ce dernier tronçon de ma balade.

C'est pendant ces interrogations et dans cet état d'esprit que je l'ai croisé. Le ciel était toujours aussi triste, il faisait frais ; lc vent faible, qui était de face depuis plusieurs jours, venait de virer juste assez pour faire du bon plein. *Baluchon* atteignait maintenant une vitesse de 3 nœuds, ce qui n'était pas vraiment délirant, mais comparé à la vitesse des jours précédents, c'était déjà ça. Au début, je l'ai pris pour quelqu'un d'autre tant l'imitation était parfaite. À première vue, il ressemblait à tous ces volatiles qui se reposent sur l'eau. C'est quand il est passé à seulement quelques mètres du bateau que j'ai remarqué sa drôle d'allure. Sous la flottaison, un gros paquet d'algues lui formait une petite jupette, un peu comme celle dont sont dotées les figurines représentant des vahinés hawaïennes. Comme il restait sans expression et que son bec était peint en bleu délavé, je l'ai alors reconnu : il s'agissait d'un gros canard en plastique, comme ceux que les chasseurs utilisent pour en attirer de vrais. J'ai d'abord cru à une hallucination tant il me paraissait irréel de croiser quelque chose comme ça si loin de toute terre où l'on doit chasser le canard.

Ce canard représentait à lui tout seul ma façon d'aborder la navigation hauturière, c'était en quelque sorte un frère du large. C'est sûr, il a dû parcourir des centaines voire des milliers de milles pour arriver jusqu'ici ; il a forcément rencontré des bonnes tempêtes, traversé sans encombre des routes de navigation, et son voyage est loin d'être terminé. Il finira probablement par couler sous le poids des algues qui lui poussent sur le ventre, ou peut-être s'échouera-t-il quelque part sur une plage lointaine.

J'aurais dû tout de suite manœuvrer pour le rattraper et le remorquer jusqu'à la terre, mais j'étais si obnubilé par le fait de gagner des milles après tous ces jours à me traîner que j'ai hésité trop longtemps. Quand je me suis ressaisi, il n'était plus qu'un petit point au loin disparaissant de plus en plus longtemps dans les vagues.

Pendant plusieurs jours, je n'arrête pas de penser à lui : on aurait fait une bonne bande de bouffeurs de milles, *Baluchon*, le canard et moi. On aurait forcément eu plein d'histoires à se raconter, ça aurait été si bien d'arriver tous les trois à bon port, je suis déçu. Cette rencontre ratée restera probablement le grand regret de cette traversée.

Au bout d'une vingtaine de jours de cette navigation tristounette, je tombe sur le fameux rail d'Ouessant, cette sorte d'autoroute où des dizaines et des dizaines de cargos labourent la mer à la queue leu leu, remontant ou descendant la Manche à toute vitesse. Dorénavant, plus question de rêvasser et de se morfondre, le retour à la réalité est saisissant et paradoxalement me sort encore une fois de ma morosité ; maintenant, il vaut mieux avoir les idées bien claires. Le passage du rail est toujours très impressionnant pour un petit bateau, surtout avec cette houle assez forte et ce vent faiblard. J'atteins péniblement une vitesse de 2 nœuds alors que les cargos filent à 15 ; ça demande un peu de concentration – on peut comparer cet exercice avec la traversée d'une autoroute terrestre sur une trottinette, c'est un peu chaud.

Une fois la côte en vue et hors de danger de toute collision, je reçois un appel à la VHF du service qui gère le trafic maritime. L'homme à l'autre bout des ondes, très courtois mais tout de même assez énervé, m'annonce qu'il est interdit de naviguer dans la zone où je me trouve. Je suis surpris, car aucune zone d'interdiction n'est mentionnée sur ma carte et je suis déjà passé par là pas mal de fois auparavant. Je réponds moi aussi très courtoisement, mais je me sens désemparé et déstabilisé. Mon cerveau ne peut pas accepter le fait qu'on puisse interdire à un bateau de naviguer sur la mer et surtout qu'on puisse me donner des ordres à moi, capitaine de mon propre navire. En plus, je ne comprends rien aux directives de mon interlocuteur. Je résous le problème en coupant ma VHF portable et mon émetteur AIS ; retour à l'invisibilité, je continue ma route comme si de rien n'était.

La laborieuse remontée de la Manche, qui consiste à longer la côte nord de la Bretagne, se déroule comme d'habitude, en subissant les courants de marée assez forts dans un sens puis dans l'autre. Le vent n'est toujours pas au rendez-vous, je fais le classique deux pas en avant, un pas en arrière, mais globalement j'avance dans la direction de la maison. Je mets même le petit spi de 420 que le moniteur de l'école de voile de Horta m'a donné, ça me permet de ne pas trop reculer pendant la renverse. Je suis maintenant à proximité de la côte ; pas assez pour entendre le loup, le renard et la belette chanter, mais assez pour capter le réseau téléphonique. Je peux recevoir mes e-mails et envoyer des nouvelles, ça me permet de sortir petit à petit de la solitude. Je reçois un coup de fil de mon pote Hervé Le Merrer : « Comme tu passes devant chez moi à Trébeurden, arrête-toi un moment, on fera une petite fête entre copains.

— Ouais, pourquoi pas ! »

Même si je suis toujours réticent à m'approcher trop près des innombrables cailloux qui parsèment cette partie de la côte, cette invitation en petit comité me paraît bien sympathique, d'autant que j'ai le pressentiment que mon arrivée à Saint-Brieuc risque d'être un peu médiatisée. Un minimum de discrétion me permettra de revenir plus progressivement à la vie terrestre, mais pour le moment c'est la tombée de la nuit et je suis encalminé au large de l'île de Batz ; dans ces conditions, l'escale à Trébeurden me paraît un peu difficile. Je suis à deux doigts de renoncer et de continuer ma route d'escargot vers Saint-Brieuc, mais tous les copains du coin mettent en place malgré moi un branle-bas de combat : le voilier *Pierrick II*, qui faisait route vers la baie de Morlaix, fait un détour pour me récupérer et me remorquer vers un petit mouillage près de Carantec. *Fri*, un bateau ami avec Yann et J-P à son bord, nous y attend : on se rejoint en pleine nuit ; les retrouvailles sont chaleureuses, accompagnées d'une bonne plâtée de nouilles au fromage et d'un petit verre de rhum.

Le lendemain, nous faisons route tous ensemble vers Trébeurden, où nous sommes accueillis par tout un tas de bateaux et même des vedettes remplies de journalistes venus à la rencontre de *Baluchon.* Quelque chose me dit qu'il a dû y avoir des fuites, et que la petite fête restreinte entre copains n'est plus d'actualité… Mais l'accueil est vraiment sympa : plein de gens se tiennent sur le ponton pour me souhaiter la bienvenue et un bon retour en Bretagne. Je reconnais pas mal de monde et on papote presque toute la soirée.

Le lendemain matin, André Gentil, un de mes héros navigateurs, qui a fait un fabuleux tour du monde par les trois caps quelques années auparavant, se ramène avec des croissants pour le petit déjeuner. Je ne l'ai jamais rencontré et je suis hyper ému de le croiser en vrai. Il s'en faut de très peu pour que je verse une larme ; je le sens ému lui aussi, une longue accolade nous permet de dissimuler nos émotions de navigateurs un peu trop sensibles. Quelques heures plus tard, Olivier de Kersauson en personne fait le déplacement depuis Brest rien que pour me saluer. Si ça continue comme ça, je vais devoir prendre rendez-vous rapidement avec un cardiologue tant mon petit cœur est sollicité.

Après une journée d'escale, je reprends tranquillement ma route vers Saint-Brieuc. Hervé, qui connaît parfaitement tous les cailloux du coin, m'indique un passage censé me faire gagner un peu de temps. Il m'accompagne sur son trop joli petit cotre de Carantec, mais juste au moment de rejoindre la pleine mer, le vent nous abandonne. Le courant de marée me fait alors faire du surplace en plein dans les brisants, je me paie un bon coup de stress. Quelle idiotie de passer par ici ! Tout ça pour gagner une heure sur un voyage de trois ans. À seulement 50 petits milles de l'arrivée, je vois déjà mon petit *Baluchon* se disloquer sur ces spectaculaires rochers de granit rose. Juste au moment où je m'apprête à sortir la godille pour faire demi-tour, un petit canot pneumatique charitable vient à ma rescousse et, en un rien de temps, me tire du ressac. Ouf ! Plus de peur que de mal, mais où est passée ma prudence d'avant, quand je contournais bien largement le moindre petit caillou ?

Pour ce dernier bout de parcours, tout s'annonce parfaitement bien, le vent vire au nord et se renforce enfin. *Baluchon* retrouve la niaque et file dans la plume, la première fois réellement depuis le départ du Brésil. Mais maintenant plus question de le ménager comme je l'ai fait sur la quasi-totalité du tour du monde par crainte de casser quelque chose ; cette fois, je lâche les poneys et mets presque toute la toile dans ce vent qui souffle à 25 nœuds. C'est un vrai plaisir de voir mon petit bateau foncer dans les embruns.

Au petit matin, le vent fraîchissant nord-est me fait rentrer à toute vitesse dans la baie de Saint-Brieuc. Le ciel est bleu et le soleil magnifique.

Je fais un arrêt pour la nuit au port en eau profonde de Saint-Quay-Portrieux pour attendre que la marée soit haute afin d'accéder à mon port d'attache (et peut-être inconsciemment aussi pour prolonger un peu le voyage).

Le lendemain, accompagné par deux courageux voiliers amis, qui ont bravé ce vent et cette mer assez agitée pour venir à ma rencontre, nous rejoignons en un rien de temps l'entrée du port de Saint-Brieuc. Plein de petites embarcations, des kayaks ou des dériveurs nous y attendent ; 200 à 300 personnes sont sur le quai, de la musique bretonne résonne, des *Gwenn ha Du* s'agitent, j'ai des frissons partout sur le corps.

Les portes des écluses s'ouvrent, le vent est juste parfait, je pourrais même rentrer dans le sas à la voile, mais c'est strictement interdit par le règlement – toutes les manœuvres doivent obligatoirement se faire au moteur. Par respect pour les éclusiers et les responsables du port, toujours un peu rigides, j'enroule la voile et je finis les derniers mètres à la godille. Ce n'est pas autorisé non plus, mais je profite de mon petit quart d'heure de notoriété pour faire le forcing. Il y a peu de chances cette fois que je me fasse engueuler devant toute cette foule, et puis ça m'aurait bien embêté de boucler ce tour du monde remorqué par un autre bateau. Promis, à l'avenir, je ne passerai plus les écluses sans moteur !

Sept ans après le départ du *Skrowl* ici même, les immenses portes de bois se referment doucement derrière *Baluchon*, sous les applaudissements et le son du bagad. Je rentre encore une fois dans ce sentiment d'irréalité qui m'a si souvent accompagné pendant ce voyage. Saisi par l'émotion, je suis complètement dans le flou, je n'arrive pas vraiment à discerner si je suis en train de rêver ou si je viens réellement de finir mon voyage.

CAHIER TECHNIQUE

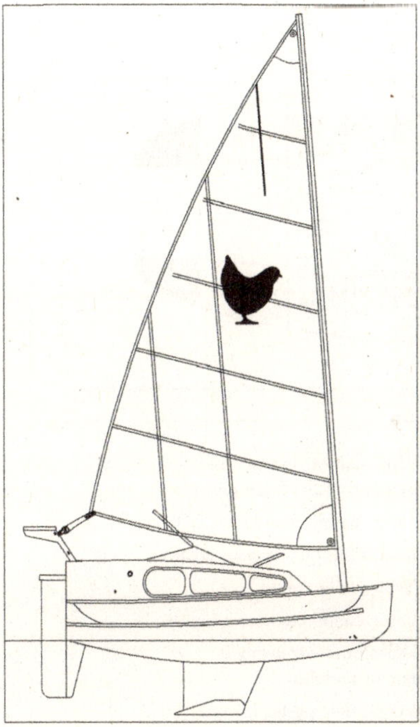

Longueur de coque : 4,00 mètres

Longueur hors tout : 4,30 mètres

Longueur à la flottaison : 3,77 mètres

Largeur : 1,63 mètre

Tirant d'eau : 0,90 mètre

Déplacement à vide : 550 kilos

Lest : bulbe 150 kilos, voile de quille 50 kilos

Mode de construction : contreplaqué okoumé 9 millimètres, stratification extérieure par fibre de verre 400 g/m^2.

Surface de voile : 11 m^2

Mât : fibre de carbone, longueur : 7,30 mètres, poids : 7 kilos

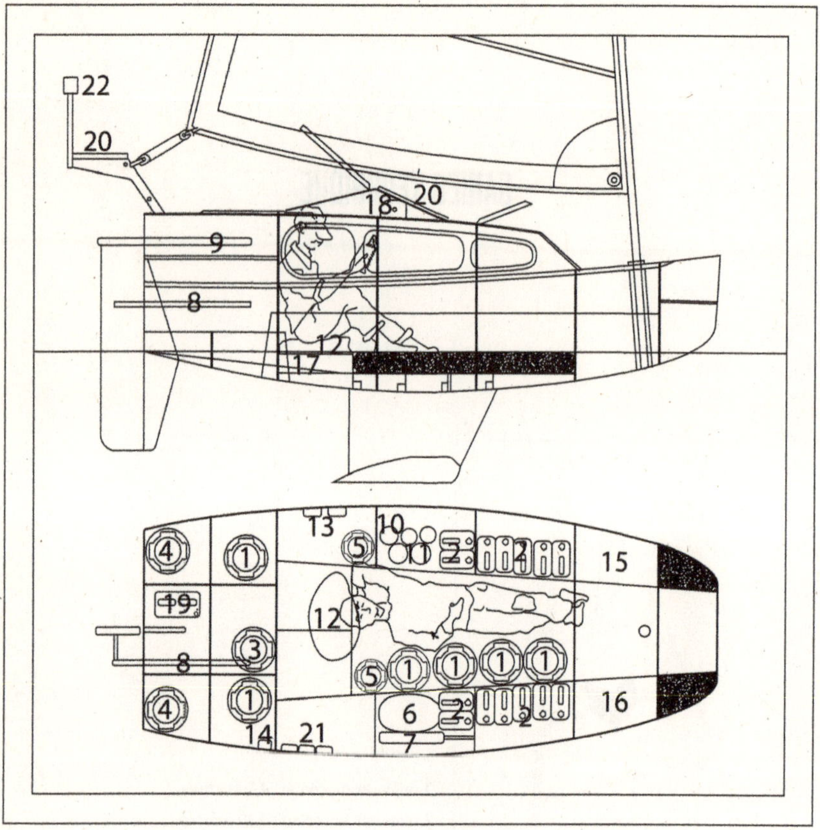

1 : Containers nourriture

2 : Eau douce en bidons de 5 litres

3 : Pharmacie

4 : Matériel et matériaux de réparation

5 : Containers réchauds camping-gaz, matériel électronique (smartphone, tablette, caméra, liseuse, tracker…)

6 : Sac de sécurité

7 : Pilote électrique sur drosses de la barre intérieure

8 : Barre intérieure

9 : Barre extérieure

10 : Trousse à outils

11 : Alimentation de base (thé, biscuits, barres de céréales…)

12 : Sac à vêtements/oreiller

13 : Régulateur de panneaux solaires

14 : Tableau électrique

15 : Cirés, combinaison en néoprène

16 : Dessalinisateur manuel, ordinateur portable

17 : Matériel de pêche, masque, tuba

18 : Bouilloire

19 : Batterie

20 : Panneaux solaires

21 : Systèmes anticollision

22 : Feu de navigation

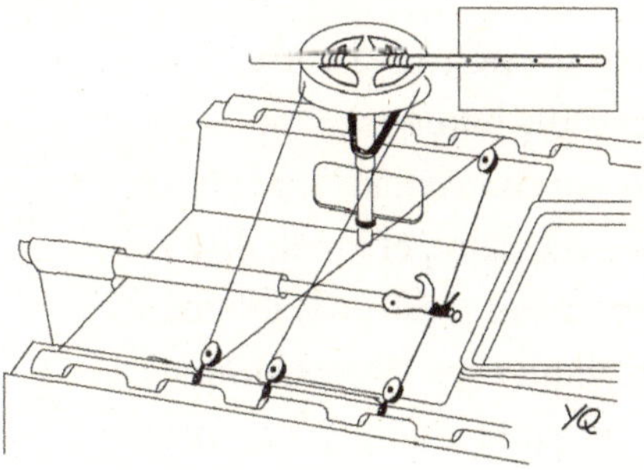

Bébert I

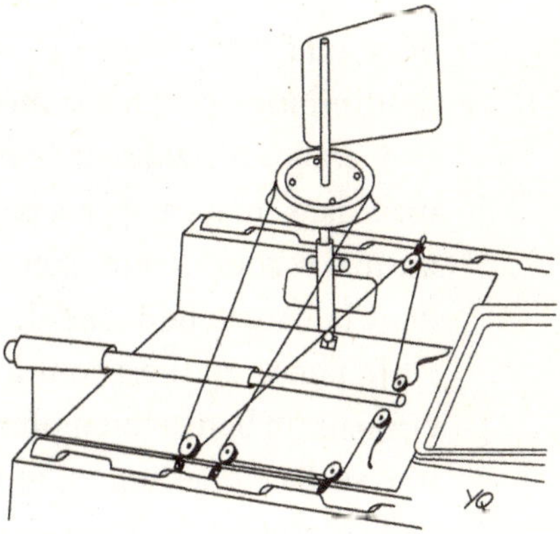

Bébert II

La girouette automatique Bébert

Ce dispositif de fortune, bidouillé à la suite de ma panne d'électricité après mon départ de Nouvelle-Calédonie, ne peut sans doute pas être assimilé à un véritable régulateur d'allure, car il n'utilise pas de flettner (un minigouvernail agissant sur le gouvernail principal du bateau), mais il agit directement sur la barre. Naturellement, cela ne fonctionne que si le bateau n'est pas trop surchargé, qu'il est dans ses lignes et parfaitement réglé ; il faut aussi que les drosses de barre ne soient ni trop tendues ni pas assez, ce qui demande quelques tâtonnements au début.

Avec le retour d'expérience, le mieux est d'avoir une surface de l'aérien de girouette équivalant à environ la surface mouillée du safran pour pouvoir fonctionner dans le tout petit temps. J'avais une surface de girouette à peu près équivalente à la moitié de mon safran, ce qui demandait de réduire la voilure un peu plus tôt et donc de diminuer la vitesse moyenne du bateau.

Certains préconisent de mettre un contrepoids sur l'aérien, mais dans mon cas ça n'a pas été nécessaire, et à vrai dire j'ai du mal à comprendre son utilité. (Mais c'est probablement dans la nature humaine de compliquer les choses simples.)

Je pense qu'il est tout à fait possible d'adapter ce principe sur un bateau bien plus grand, mais il faut évidemment une surface d'aérien en rapport – une petite voile comme celle d'un Optimist par exemple pourra efficacement faire office de girouette.

Bébert I a parfaitement barré *Baluchon* pendant pratiquement 7 000 milles entre la Nouvelle-Calédonie et La Réunion, et Bébert II a fait tout le reste du voyage jusqu'au retour en Bretagne, soit 9 500 milles (j'ai utilisé le pilote électrique seulement deux jours après l'Afrique du Sud). Un pilote électrique en complément, sans être indispensable, est plus pratique près des côtes et dans le Pot-au-Noir, où les vents sont plus changeants en force et en direction.

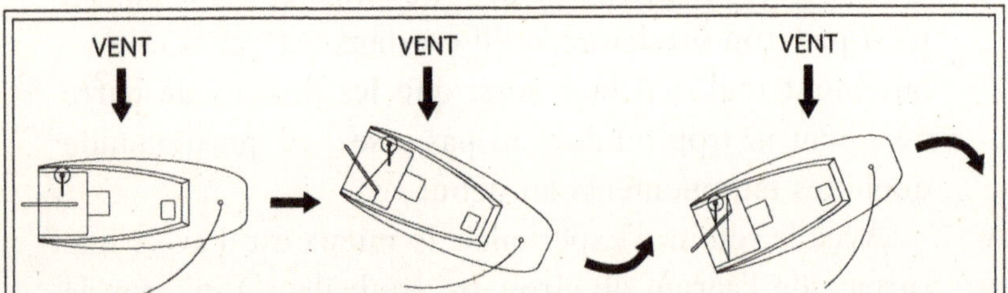

Le gréement de *Baluchon*, que j'ai voulu simplifier à l'extrême, se compose juste d'un mât en fibre de carbone tournant sur lui-même, implanté dans un puits qui traverse le bateau du pont jusqu'à la coque. Au fond de ce puits, un petit piton en inox permet de faire point de pivot. Le frottement au niveau du pont est assuré par une simple bague faite avec de l'époxy chargé qu'il faut graisser de temps en temps.

Il n'y a qu'une seule voile qui s'enroule autour du mât (c'est le même principe que les génois sur enrouleur présents sur la majorité des voiliers de croisière actuels). Le fait qu'il n'y ait pas de voile à l'avant, et donc pas de compression dans le mât, dispense de haubanage. Le mât travaille donc uniquement en flexion, un peu comme une canne à pêche, ce qui rend l'ensemble du gréement beaucoup plus souple et donc bien plus solide qu'un gréement haubané classique.

En navigation, deux tangons sont à poste en permanence de chaque côté du bateau, ce qui permet d'écarter plus ou moins la voile selon les allures.

La structure de *Baluchon* dans mon garage

Retournement de la coque en vue de la stratification

La quille avec un bulbe, essai de stabilité une fois la tête en bas

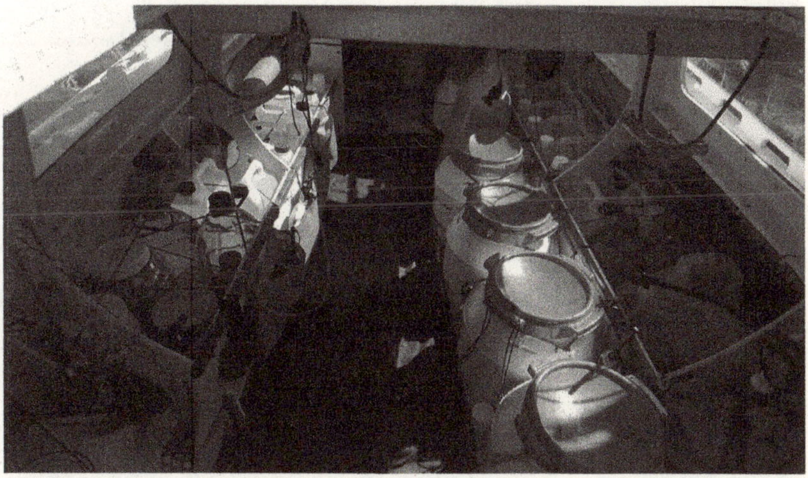

Ma petite couchette au milieu des provisions d'eau et de nourriture

Premiers essais au port du Légué, à Saint-Brieuc (© Olivier Romani)

Ma tête après soixante-dix-sept jours en mer

Il a fière allure, mon *Baluchon*, avec sa petite poule et ses panneaux solaires !

Baluchon dans le décor paradisiaque du lagon de Saint-François, en Guadeloupe

REMERCIEMENTS

Le Yacht-Club Pays de Saint-Brieuc (ex-ANL) pour l'organisation d'une tombola à mon bénéfice lors de mon premier départ.

Jérôme Delaunay, architecte naval qui a spontanément et bénévolement étudié la courbe de stabilité et proposé une variante de quille pour *Baluchon.*

Hervé Le Merrer, mon maître de godille, pour ses conseils et le prêt d'un tracker.

Christophe Even, pour son initiative de créer un blog retraçant le voyage de *Baluchon.*

Jean-Yves Le Fourn, pour les dessins de poules sur ma coque et ma voile.

Sophie Mathat, pour avoir régulièrement vérifié que les araignées qui avaient pris possession de mon atelier pendant mon absence allaient bien, et vidé de temps en temps ma boîte aux lettres.

Stéphane Leroux, qui m'a fait parvenir en cours de route une VHF portable de secours.

En Guadeloupe

René et Maca, mes voisins de ponton, pour les nombreux repas à leur bord et le prêt d'une fourchette pour le reste du voyage.

Louis et Jean.

Aux Marquises

L'ensemble des bateaux présents pendant le confinement, pour l'accueil et la nourriture à mon arrivée.

Joselito et Tepua de la baie d'Anamenu à Hiva-Oa, pour la sculpture de ma godille.

La personne dont j'ai malheureusement oublié le prénom et qui m'apportait quasi quotidiennement des sacs entiers de fruits.

Le chantier MMS, pour la mise au sec de *Baluchon.*

Dominique, pour le don d'un GPS de secours.

Tahiti-îles Sous-le-Vent

La merveilleuse Diane Jüllich, pour ses vidéos sur mon voyage et l'organisation d'une cagnotte en ligne.

L'ensemble des donateurs de cette cagnotte.

Le Yacht-Club de Tahiti, pour son accueil et son aide.

Olivier de Kersauson et Jean-Charles Corre.

Violeta de Raiatea et Cyrille Pham.

En Nouvelle-Calédonie

Laurent, de Pacifique Accastillage, Valérie, d'Aquanature, Roberto et Pascal (le gang du ponton K1), ainsi que toute l'équipe de la marina de Port-Moselle.

Christophe Florentin, qui m'a gentiment prêté son routeur wifi pendant l'attente au mouillage de quarantaine.

Le Cercle nautique calédonien, le Musée maritime de Nouméa, la base navale de la Marine nationale, pour l'organisation de causeries sur mon voyage.

Cécile, Fanny, Catherine, Leïla, Estelle, Myriam, Véronique, Théo, Luc et Isabelle, mes premier·ères lecteur·rices, à qui j'ai eu l'audace de faire lire le brouillon de la première partie de cet ouvrage, et qui m'ont fait part de leurs retours constructifs et indulgents.

Luc et Isabelle ainsi qu'Olivier, du CNC, pour la création d'un PowerPoint pour illustrer mes causeries.

La vigile de la bibliothèque Bernheim, à Nouméa, qui me réveillait régulièrement pendant que je tentais laborieusement les premières écritures.

Pierre, pour le prêt d'un vélo pendant toute la durée de mon séjour.

Raymond, pour le don d'une mousse pour un nouveau matelas.

Bertrand et Daniel, médecins, qui m'ont préparé une trousse à pharmacie digne de ce nom.

La personne qui m'a fait cadeau d'un carton de repas lyophilisés, très appréciés pendant l'étape suivante.

Maïté Russeil et Pierre Vuduc, pour leurs nombreuses attentions.

Pierrot, Gwendal et Christophe, pour le matériel et les conseils pour la pêche.

Frédéric Giraldi, pour la caméra.

Olivier Papet.

Roger, Éric, Isabelle et Sulian.

Gaëtan, du CNC, de m'avoir prêté les clés de son bateau quelques jours pendant que *Baluchon* était en carénage.

À La Réunion

Merci XXL à Benoît, de la voilerie du port.

Bastien, pour le prêt d'un vélo.

Régis Henry, de la société BIP 974, pour le don d'une batterie.

Jacques Jean, de la société SOS Pare-brise +, pour son aide financière bienvenue.

Arthur, restaurateur brasseur musicien breton à Bellemène.

Gilles, de m'avoir offert un véritable couteau de gabier.

Le Club nautique portois, pour l'organisation d'une causerie.

Romain, Rémi et Mathieu, pour la réalisation d'un film documentaire sur mon aventure.

Isabelle et Luc, encore une fois, pour leurs innombrables attentions.

Bernard, dentiste, qui m'a fait gracieusement une inspection et des soins dentaires.

Jean-Marc.

Galice, pour les soins et les médicaments pour mon pied.

À Mayotte
L'ACHM.
Jean-Luc.

En Afrique du Sud
Anne et Hervé, d'*Olicécante.*
Tristan, Théo et Ghilian, d'*Orialis.*
Charlotte Lavery, pour la création d'une vidéo YouTube.
Kirsten, directeur du Zululand Yacht-Club.
Gary et Graig.
Dylan.

Au Brésil
Yannick Olivier, président de la FPVela.
Le yacht-club de Cabanga, à Recife.
Nicolas, de la marina de Jacaré.
Le cargo que j'ai croisé pendant la traversée Sainte-Hélène-Brésil, pour avoir bien envoyé mon e-mail.

Aux Açores
Magaly et Didier, de *Falbala.*
Sophie, Nicolas et leurs garçons, de *Coco-Panache.*
Emidio, professeur de l'école de voile de Horta, pour le don d'un spinnaker de 420.

En Bretagne
Thierry et Christelle, du voilier *Pierrick II.*
Yann le poulpe et J-P le cachalot, sur *Fri.*

Hervé Le Merrer, le yacht-club et la mairie de Trébeurden.

Stéphane Tricoire.

Le petit canot pneumatique qui a eu la gentillesse de me remorquer à la sortie des brisants.

Le port de plaisance de Saint-Quay-Portrieux.

La mairie de Saint-Brieuc et la CCI 22.

Didier Reihl, Didier Corfec et Eugène Magne.

Merci également à tous ceux qui sont venus spécialement vers moi pour me parler, m'offrir un verre ou un repas, qui m'ont permis de sortir un moment de ma coquille. J'ai oublié beaucoup de prénoms et de visages, mais la chaleur de ces rencontres restera à jamais quelque part en moi.

TABLE DES MATIÈRES

#lisez! engagé
Pour plus d'information :
Imprimé sur du papier issu de forêts gérées durablement.

Imprimé en France en octobre 2024
par l'Imprimerie Maury S.A.S. à Millau (12)

M16841/15

Dépôt légal : novembre 2022
N° d'impression : J24/76042L